U0421891

卡丁车圣经

卡丁车爱好者入门到精通完全指南

原书第 2 版

【英】乔奥·迪尼兹·桑切斯（João Diniz Sanches） 编著

童轲炜 译

卡丁车是四轮车运动中最令人兴奋、最有意义的活动之一。离地间隙不超过5cm，以100km/h甚至更高的速度驾驶卡丁车所获得的快感，是其他车辆都无法比拟的。

本书是一本关于卡丁车运动的完全指南，配有200多幅全彩精美图片，内容包括如何获得比赛执照、相关课程和所需装备、比赛行驶路线及控制技术、雨天比赛、比赛技巧和策略、卡丁车的维护、驾驶人的身心准备等。

本书适合卡丁车爱好者阅读使用，对相关从业者及专业人士也具有一定的参考价值。

Karting Manual, 2nd Edition
by João Diniz Sanches
ISBN: 978-0-85733-086-4
Copyright © João Diniz Sanches 2011
Simplified Chinese Translation Copyright © 2024 China Machine Press. This edition is authorized for sale throughout the world.
All rights reserved.

此版本可在全球销售。未经出版者书面许可，不得以任何方式抄袭、复制或节录本书中的任何部分。
北京市版权局著作权合同登记 图字：01-2017-7870号。

图书在版编目(CIP)数据

卡丁车圣经 /（英）乔奥·迪尼兹·桑切斯编著；童轲炜译. —北京：机械工业出版社，2020.2（2024.6重印）
书名原文：Karting Manual(2nd Edition)
ISBN 978-7-111-64754-6

Ⅰ.①卡… Ⅱ.①乔…②童… Ⅲ.①赛车—汽车运动—基本知识 Ⅳ.① G872.1

中国版本图书馆CIP数据核字(2020)第025605号

机械工业出版社（北京市百万庄大街22号 邮政编码100037）
策划编辑：李 军　责任编辑：李 军　谢 元
责任校对：李 伟　责任印制：邸 敏
中煤（北京）印务有限公司印刷
2024年6月第1版第4次印刷
184mm×260mm · 9.75印张 · 2插页 · 240千字
标准书号：ISBN 978-7-111-64754-6
定价：89.00元

电话服务　　　　　　　　　网络服务
客服电话：010-88361066　　机 工 官 网：www.cmpbook.com
　　　　　010-88379833　　机 工 官 博：weibo.com/cmp1952
　　　　　010-68326294　　金 书 网：www.golden-book.com
封底无防伪标均为盗版　　　机工教育服务网：www.cmpedu.com

上图：1997 年简森在法国 Salbris 驾驶他的 Tecno 卡丁车夺得欧洲超级 A 锦标赛冠军的场景，这让他成为这个奖项历史上最年轻的冠军。（sutton-images.com）

序言

我很荣幸被邀请写本书的序言，因为卡丁车比赛给了我很多美好的回忆。过去的十年时间里，我享受了很多成功，也获得了很多快乐。在这些比赛中，我也结交了很多朋友，直到今天其中一些朋友还会和我在 F1 赛事中赛车。

1987 年的圣诞节，父亲送了我一辆卡丁车，第二年我就开始比赛了，那年我刚满八岁。我很幸运在那么小的时候就能像海绵吸水一样吸收了那么多的知识和技巧，让我从那以后直到今天一直保持这么好的状态。

只要有机会，我想我仍然会去尝试着开卡丁车，但是现在我大部分的时间都在为 F1 付出，无论是出差还是测试，我很少有开卡丁车的机会。现在，我把这本优秀的卡丁车宝典推荐给读者。作者在本书里会让你全面了解卡丁车运动，以及在每个阶段所需的能力和预算。

我相信卡丁车是参与赛车运动最好的方式。我希望你能在这项运动中获得和我一样多的乐趣。

简森·巴顿

下图：在卡丁车上学到的赛车技能是非常宝贵的，可以把它们运用在最顶尖的赛车决战中——简森与费尔南多·阿隆索在 2010 年马来西亚大奖赛的决战。（LAT）

目 录

序言   3
引言   6

3 第三章   比赛走线   46

1 第一章   卡丁车总览   10

4 第四章   卡丁车的控制   58

2 第二章   初出茅庐   26

5 第五章   雨天比赛   70

6   第六章   赛车技巧   **80**

9   第九章   技术性   **126**

7   第七章   心理准备   **94**

10   第十章   赞助   **144**

8   第八章   战略   **110**

11   第十一章   车手的父母   **152**

译者后记   **156**

上图：卡丁车比赛是你可以在轮子上完成的最重要事情之一。（Enver Meyer）

引言

卡丁车运动是最佳的赛车运动之一。这绝非仅仅是因为它非常有趣且相对来说比较便宜，或者是因为它能提供一些最激动人心的比赛。又或者是因为它的覆盖面广，无论是年轻还是年老、男性还是女性、残疾人还是其他卡丁车爱好者，总会有一辆可以用来比赛的卡丁车。其实，卡丁车这项运动所包含的意义比以上所提到的还要多许多。

第一次开卡丁车会为你打开新世界的大门，无论你驾驶过或者乘坐过多少辆车，离地间隙不超过5cm，以100km/h或更高的速度驾驶卡丁车所获得的快感，其他车辆都不可与之相比，其他四轮机动车也不可能，因为没有一辆车可以让你在如此激烈的加速度下，伴随着距离地面如此之近以及在极速的风中体会飞翔的感觉。这确实能带来巨大的感官刺激。

这不仅仅是一个简单、惊险、刺激的游戏。现在卡丁车为各种赛车运动提供后备力量，它提供了一个场所，在这个场所里，未来的拉力赛、房车赛和一级方程式比赛冠军们将学习到基础知识并获取经验，这将为他们余下的赛车生涯提供最基础的服务。

毋庸置疑，把卡丁车作为其他类别赛事的"垫脚石"看来已经是达成共识了。卡丁车是一项非常出色且值得参与的运动，它拥有巨大的并且越来越多的

上图：ICA 比赛中令人难以置信的表现，尖声啸叫的发动机和激烈的竞技。参赛者都是专业级车手。（Enver Meyer）

支持，越来越多的曝光（数字电视体育频道现在已经在定期播放），并在这个星球上提供了最好的包装、最激烈的竞争以及一轮又一轮的比赛。

令人痴迷的是这项运动的纯粹感显然受到卡丁车结构相对简单的影响。在众多的赛车手中，有些人想要进入其他赛车运动，但是他们再也没有迈向下一步了。并不是因为他们没有天赋，而是因为他们太喜欢卡丁车而最终没有去别的赛事——那些赛事可能无法频繁提供像卡丁车那样的刺激感。卡丁车带给人的兴奋是可以持续的，你必须在赛车运动阶梯上爬很长的一段距离，然后才能从你的赛车中获得快感和喜悦。当然，你没必要这么做，只要选择卡丁车就好。

本书旨在通过涵盖这项运动的所有基本要素，以帮助新人加入卡丁车这项竞技。在适当的情况下，本书的内容会更直接传授卡丁车驾驶技术与方法，从而最大限度地向车手展示最基本的机械知识。考虑到这一点，本书是一本随着车手们卡丁车经验的累积，鼓励读者参考一些涉及技术特点方面的图书，比如卡丁车的设定调校，远比纸面空间允许的内容要详细——后面许多章节足以自成一本书，但是在那之前将会有很多赛事里程与乐趣。

最后一点至关重要，不管怎样，请尽情享受它——卡丁车是四轮车中最令人兴奋和最有意义的活动之一。并且，不管你的竞技水平如何，每一次都要拼尽全力去完赛即可。

下图：越早开始越好，但也不会拒绝年龄较大的选手。（Enver Meyer）

右图：一个与现代机械结构类似的古老卡丁车，尤其是使用了管状底盘。（作者）

室内 VS 室外

现在大部分室内卡丁车赛道都是为了迎合越来越多的需求，从生日派对到公司团队建设活动，大多数人的第一次卡丁车体验就是在室内赛道。

有些人的好奇心得到了满足，可能不会再次进入卡丁车赛道。但是还有一类人，他们很可能正在计算着他们下一次坐上卡丁车的时间。

还有些人实际上可能会立即绕过室内卡丁车，直接去找离他们最近的室外赛道（室外赛道比室内赛道少得多，但是你知道他们对数量和质量的评价）。而其他大多数人，可能会选择在相当长的时间里，继续在室内有保护地参加卡丁车运动。事实上，他们可能永远都不会去室外赛车。

不得不说这真的是遗憾，相比于室内卡丁车带来的所有乐趣，实际上只是被仓库或机库等室内空间所束缚的东西，体验到的乐趣真的只是其中极少的一部分，事实上室内与室外的这种差异可能是巨大的，对于那些认为这种说法很夸张的人，下面我会进行解释。

速度

也许最明显的区别是室内卡丁车赛道最高速度只能够到64km/h，虽然大多数赛道的实际速度只有约48km/h。当然在你离地面只有几厘米时，这个速度也是很快的。

你基本可以根据自己的意愿控制室外卡丁车能达到的速度，因为大多数二冲程发动机的卡丁车都提供了"野蛮"的动力。

下图：例如高性能的"arrive and drive"二冲程发动机卡丁车，与室内卡丁车的路线大不相同。（作者）

抓地力水平

为了经常在光滑的混凝土路面（或更糟糕的路面）上行驶，室内的卡丁车通常还配备了最硬的橡胶复合轮胎，以保证最长的使用寿命，从而控制成本。你将在第九章中看到，硬胎的问题在于抓地力不够，加上光滑的赛道表面，这有时的确可以给你带来一些乐趣，但是在你赛车的时候你可不希望遇到。

显然，良好的室内赛道和室外赛道一样少。然而，在通常情况下，如果能有专业级的赛道路面，更好的轮胎和使用更高级底盘，即使是"arrive and drive"（租用的）卡丁车，所得到的体验也是任何一个室内赛道都不能比拟的，所以在可用的抓地力水平上往往没有可比性，因为室外卡丁车感觉更像是真正的赛车。

底盘特性

就如同拿法拉利与拖拉机比较一样，赛车场卡丁车底盘和室内卡丁车底盘之间的差异是巨大的，在初学者看来这两者可能是相似的，但是在已经开业很久的室内赛场中卡丁车会被使用者"折腾"，使它们看上去像一个大号的碰碰车，相比于其他组件，赛车卡丁车的底盘是最能提高性能的地方，同时也是最能体现研发能力的地方。赛车底盘越灵活，控制机制越复杂，那么就说明底盘制造商的研发水平越高。

成本

毫无疑问，室外租用卡丁车花费的费用比室内费用高（买一辆卡丁车是另一种支出，并会在第二章中讨论）。但是值得一提的是，额外支出的这一笔费用与将来体验到的额外享受程度不会对等。换句话说，室外卡丁车相比与你多付的那些钱能提供更多的乐趣。

左图：成本控制举措变得越来越普遍，有些厂商希望用尽可能少的预算来生产具有竞争力的一体机。（作者）

竞技水平

没有人质疑室内卡丁车不能提供赛车体验。在正确的赛道上和正确的公司里，它绝对可以，只是竞赛的水平不同，例如每年一度举办的慈善赛事，约翰尼·赫伯特卡丁车挑战赛（Johnny Herbert Karting Challenge），该赛事将世界各地的卡丁车明星与普通车手聚在一起对决，而且就是在室内赛道举办。

如果你认真对待卡丁车比赛，或者即使你只是想体验赛车运动的快感，你很快就会意识到室内体验是多么有限。所有主要比赛和竞争对手都可以在室外赛道上找到。室外才是真正的挑战所在，也是唯一能够发现卡丁车真正意义的地方。

下图：获得世界冠军的底盘组合代表了卡丁车制造的巅峰，它提供了只有最高级别的单座赛车才能够匹配的性能。（作者）

1

第一章　卡丁车总览

介绍	**12**
卡丁车组织	**13**
赛事的类型	**13**
卡丁车的类型	**16**
赛事级别	**17**
选择卡丁车级别	**25**

上图：现代先进的卡丁车可能受益于几十年的技术进步，但它们仍然是基于最初的卡丁车的基本概念制造的。（Chris Walker）

介绍

第一辆卡丁车由来自美国的 Art Ingels 和 Lou Borelli 两人设想和制造。时间回到1956年8月。Ingels是一名赛车研发工程师，他常常驾驶自己的简单作品（这个机器使用最基本的二冲程发动机，搭配了使用半充气轮胎的管状底盘）绕着当地的汽车公园行驶。

没多久，其他人开始对这个有趣的小发明表现出浓厚的兴趣。直到1957年第一家卡丁车制造公司在北美洲成立。

一年内当时驻扎在英国的美国军人，让这股热潮蔓延到英国。随后在一些国家的赛事赛道上有了一些示范活动，因此进一步提高卡丁车的知名度。这项运动于20世纪60年代开始腾飞，70~80年代，出现了更复杂的底盘、更好的制动系统和更宽的轮胎，同时常规安全性也进行了改进。

20世纪80年代还有一个更重要的里程碑，就是室内赛道形式的出现，这种赛道让公众也能轻松体验到低功率而又有趣的卡丁车。在此之前，只有那些持有赛车驾驶证的人才被允许驾驶卡丁车，在数量有限的室外赛道上比赛。另外，以教学班的形式允许8岁左右的小孩驾驶卡丁车是一项关键性的变化，对卡丁车的迅速普及做出重大贡献。

到了20世纪90年代中期，卡丁车已经成为英国发展最快的运动项目，欧洲其他国家以及其他洲的国家都赶不上这种发展。现在你会发现很多大城市都有卡丁车赛道。

随着室内赛道的全球性流行，一些

人认识到下一步就是发掘非持证者的潜力，让他们也能够体验到更多类型、动力更强大的卡丁车，并且学习如何更好地控制卡丁车，进而能够在室外赛道上进行比赛。

现在看来大家对卡丁车的兴趣并没有显示出任何放缓的迹象。

卡丁车组织

世界各地有不同的组织经营着卡丁车的活动，并规范不同区域的赛事运动。在国际上，主要的管理机构是CIK-FIA（Commission Internationale de Karting Federation Internationale de l'Automobile，国际卡丁车委员会-国际汽车联合会），负责监督各个国家举办的一些国家级赛事，以及卡丁车世界锦标赛等领先的国际性赛事。

在英国，卡丁车与其他形式的赛车运动一样，也由MSA（Motor Sports Association，英国赛车运动协会）管辖，该协会建立了一套严格的规则，赛事组织者和参赛者在参加正式比赛时必须遵守这些规则。

在北美地区，规模最大的卡丁车赛事管理机构是世界卡丁车联合会（World Karting Association，简称WKA）。另外还有国际卡丁车联合会（International Kart Federation，简称IKF），虽然不是很大的组织，但它实际上是美国第一个卡丁车赛事组织，并且自1957年开始制定赛事规则——卡丁车制造业开始的那一年，由于CIK-FIA不涉及北美业务，因此一些高级别的卡丁车赛事都是由WKA和IKF组织规范的，当然北美的其他卡丁车协会也参与了北美各级赛事。

在其他国家，由国家组织的卡丁车协会有时会代表CIK-FIA监督这项运动，这些协会的信息一般能够在本地赛道获取，或者可以通过网络进行快速检索来获得此信息。

赛事的类型

室内

室内卡丁车中心在世界各地都增长得非常迅速，现在几乎成为一种标准的娱乐项目。他们大多数能够提供低速、顺滑且有趣的驾驶体验。但也有一些专用的赛道能让你一瞥真实的卡丁车是怎样驾驶的。要驾驶竞技型卡丁车还有很长的路要走，而且真有足够的乐趣刺激人前往室外赛道，去更接近并发现卡丁车的真正潜力。

室外

室外赛道是真正的卡丁车开始的比赛，并且得到延续的地方，但之前这只是

上图：室内卡丁车在推动卡丁车的普及方面有着巨大的贡献。（Enver Meyer）

下图：大多数室外赛道提供各种有趣的团体竞技型卡丁车。（Enver Meyer）

对页上图：arrive-and-drive（即来即赛）系列赛可以提供高水平的竞技，而不必拥有自己的卡丁车。（Enver Meyer）

右图：Leading junior（领先的初级）系列赛为17岁以下的少年提供高水平的比赛，但是成本也高。（Enver Meyer）

那些拥有赛车驾驶证的人能去的地方，任何对卡丁车运动感兴趣，但又没有达到那个层级的人，都面临着巨大的障碍。十多年来，由于有一两家公司的前瞻性运营，普通市民才有机会无需驾驶证在室外赛道上尝试动力性更强的卡丁车。这是在英国卡丁车赛道流行起来后，其他地方才跟随的经营概念，即来即赛的室外赛事现在已经很多。

室外赛道又分为短赛道和长赛道。短赛道是专门设计的卡丁车场地，适合举办直接驱动式（无档位）卡丁车和带有变速器的卡丁车赛事，通常长度在800~1200m。跑长赛道的卡丁车都是带有变速器的专用型号、速度更快、这类赛事在英国的大型主赛道上举办，平常这些赛道都在举办其他类别的赛车比赛。

世界各地的卡丁车赛事都采用类似的方法，只是短赛道的长度有些差异。

冲刺赛

冲刺赛通常个人车手要先进行在一系列短暂（通常只有6~8圈）的热身赛竞争，紧接着再进行一场稍长的决赛。根据比赛人数的数量可能有两次或更多次决赛，通常分为A和B，然后从A、B决赛出来的一些顶级精英赛车手再进行总决赛。冲刺赛往往是二冲程发动机卡丁车作首选的比赛方式，因为二冲程发动机的短时间运转特性更适合跑冲刺赛。

对页下图：那些希望认真参与这项运动的人，可以驾驶到更加高档的卡丁车——与付出的价格和得到的竞争相匹配。（Enver Meyer）

耐力赛

这类比赛时间较长，从1~24h不等，并且通常采用团队作战（每个小组根据顺序指定最少数量的驾驶人）。通常四冲程发动机卡丁车长时间运转的能力较强，所以会被作为耐力赛的比赛用车。耐力赛会令车手面临身体耐力和精神能力的双重挑战，近年来得到快速普及。

美国的耐力赛可能与欧洲人的比赛方式截然不同，通常将时间控制在30min或45min，期间没有进站，并且会在全尺寸的赛道上进行比赛，也可以采用看起来完全不同的卡丁车（Laydown Enduro卡丁车车身风阻低，要求车手几乎平躺在上面）。

高速赛道比赛

高速赛道比赛主要在北美非常流行，一般是在1/6mile(1mile=1.6km)到1/4mile长的椭圆形赛道上举办，并且路面采用沥青或黏土铺装。与NASCAR赛车一样，在高速赛道比赛的卡丁车也是经过专门设计和调校设定的，以适应在赛道中的转弯。虽然这种比赛形式与本书的重点关联性不大，但它是卡丁车的另一种形式，场面可是相当的惊心动魄，也可以在美国以外的地方见到这种比赛——例如在英国的Stoxkart比赛，有一群规模相对较小但忠实的追随者。

即来即赛

　　这种赛事是20世纪末的突破之一,使非赛车驾驶证持有者有机会在室外赛道上驾驶更专业的卡丁车——这与他们在当地室内赛道上所习惯的大不相同。这种比赛通常采用统一的规格作为基础,这个想法是确保驾驶人之间的没有机器性能方面差异,因为他们都驾驶相同的卡丁车。大多数地点会同时举办冲刺赛和耐力赛,车手们可以直接购买一整天的比赛资格:他们付了钱,就可以直接上赛道,卡丁车也早已完成调校设定准备就绪。在还没做好全

上图：高级别 Rotax Max 在经验丰富的车手圈中是个非常受欢迎的系列赛。（Enver Meyer）

下图：尽管有不少新的、更高性能的四冲程发动机，但本田出品的 prokarts 仍然是耐力赛的热门选择。（Greg Richardson）

身心投入卡丁车运动生涯前，这是一种经济有效的比赛方式。有些人没有时间、资金，又因为各种复杂事项不能拥有自己的卡丁车。尽管如此，他们还是希望享受比赛获胜的感觉，那么即来即赛就是一个理想解决方案（某些赛事系列的驾驶标准可能是例外）。

官方授权赛事

官方授权赛事由官方认可的俱乐部经营，这些赛事都遵守管理机构设立的竞争规则。例如在英国，这些赛事包括国家和地区MSA批准的所有比赛，并需要参赛者的赛车驾驶证（在第二章详细介绍），赛事将受到严格的规则约束，并与MSA代表合作，确保遵守规则程序、合法性、安全性和驾驶标准的相关要求。MSA赛事保证拥有裁判和完整的医疗团队。许多系列赛通过"俱乐部车手（Clubman）"和"专业车手（Expert）"的名称，将车手进行分级，但又会让他们同场竞技。

无授权赛事

主要是来自即来即赛领域的比赛，对于那些希望更加悠闲地参加比赛的人来说非常具有吸引力。规则可能会因俱乐部的不同而比较随机，而且不能再依赖MSA赛事中的医疗保障，但许多俱乐部都以非常专业的方式运营比赛，以提供更好的竞技环境。

卡丁车的类型

目前存世的卡丁车类型非常多——不管是电动的还是燃油动力的，从沙尘路到雪地等任何环境基本都可以施展得开。世界各地竞赛中的室外卡丁车大致分为两种类型：二冲程发动机卡丁车和四冲程发动机卡丁车，接着从发动机以及其他组件，例如化油器、底盘和轮胎，可以确定预期的卡丁车性能水平。无论你选择哪种类型的卡丁车，都必须定期对发动机进行大修。卡丁车发动机和赛车发动机一样，其部件在比赛或测试条件下承受巨大的压力和常规磨损，因此需要一些温柔的爱和关心才能保持和恢复其最佳性能。 发动机类型将决定其大修的频率，性能越强劲的动力单元通常运行时间也会非常短。

二冲程卡丁车

到目前为止，二冲程卡丁车是全世界最受欢迎、竞争最激烈的卡丁车类型。与四冲程卡丁车相比，二冲程发动机通常噪声较大，且运行时间有限（因此在这个类型的卡丁车竞赛中冲刺赛占主导地位），而且因为更频繁的发动机大修或必要的更换，预算需求更大。近年来，有许多激励措施和新级别赛事引入一些成本控制因素（例如带有电起动按钮的Touch-and-Go（TAG）125mL发动机，目前这些发动机已广泛应用于整个领先级别赛事，这种发动机每次大修之间的运行时间更长，另外也可以是密封动力单元，即密封起来不可改动，以防止竞争对手过度改装和调校。早期有些卡丁车不配备离合器（直接驱动式），大多数二冲程卡丁车需要推着才能起动，后来因为干式离心离合器的使用迅速成为现代直驱卡丁车发动机的常态，这种情况就越来越少见。

四冲程卡丁车

这类卡丁车由于其发动机的耐用性令人印象深刻，因其易于维护、可靠性好、成本花费也比较亲民而闻名于世，但四冲程卡丁车的冲刺赛在减少。另一方面，四冲程卡丁车耐力赛一直在稳定举办，并且有不少强有力的竞争选手。有些地区的国家赛事绘制出一幅很大的蓝图，许多地方性锦标赛得到了很好的支持。尽管两种卡丁车自诞生以来过弯时的优势差异在整个单圈时间上看起来差不多，但四冲程卡丁车发动机的特性使它始终无法与二冲程卡丁车疯狂的加速性能相提并论。此外，来自领先的二冲程发动机制造商也推出了强劲的高性能四冲程发动机，这一举动已经引起了卡丁车界许多人的注意，看上去未来将会很快流行起来。

赛事级别

卡丁车新人往往会发现不同级别的赛事特别多，数目足以令人眼花缭乱。许多已经进入圈子的人也不一定都做出了明智的选择，所以应该从这些事实中得到些安慰。一般来说，级别被划分为二冲程、四冲程和有无变速器，并且进一步从年龄（小学生、中学生或大学生）和发动机类型（通常都来自同一制造商）上进行分类。以下是英国MSA认可的主要赛事以及一些领先的和官方认可的国际系列赛。当然，在这个圈子之外还有更多的选择，比如说当地的俱乐部锦标赛或是地区性比赛。赛车可以如此有趣，并且相当便宜。但是任何想要认真对待卡丁车的人，最终需要参加的比赛，必定是在这里详细讲解的赛事之一。

上图：现在年仅6岁的孩子都可以走上赛场，并通过Bambino（幼儿）赛事展示他们的潜力。世界各地还有类似的可崭露头角的星级赛事（例如美国的Kids Kart或澳大利亚的Midgets）。（Chris Walker）

英国卡丁车级别

Bambino（幼儿）级

年龄：6~8岁
发动机：50mL Comer发动机

随着英国人对卡丁车兴趣的激增，2010年推出了一项新赛事，部分原因归功于简森·巴顿和刘易斯·汉密尔顿在F1的成功，Bambino卡丁车使6~8岁的幼儿能够驾驶到相对来说性能均衡优异的赛道机器。鉴于车手年龄过小，卡丁车的排量为50mL，动力限制在3马力（1马力≈735W）。比赛以个人计时的形式进行，根据赛道目标时间（由经验丰富的Cadet初级车手设定）对车手进行奖励。参赛者之间不允许同场比赛，这些年轻人只有持有MSA卡丁车俱乐部赛车驾驶证（当天或MSA提供，16岁以下首次申请免费）并经过ARKS教练（Association of Racing Kart Schools，卡丁车赛车学校协会）的评估后才可以参加比赛。

Cadet初级

年轻的卡丁车手们第一次同场竞技通常就在Cadet初级赛事中，他们可以将这次比赛留在他们13岁或14岁那年的年底（虽然在11岁时就可以进入Junior中级赛事，这取决于体重和身高）。Comer、Honda和WTP的Cadet初级赛事可以一起比赛，所有小型卡丁车（价格由商定的最高价制约），发动机带有离心式离合器和反冲拉绳（或电起动），速度可以达到80km/h。

Junior中级

未来的F1冠军的下一步——Junior中级赛事享受英国全国范围内的支持。赛车拥有良好的抓地性能，比赛竞争激烈，根据不同的赛事，速度在89~121km/h。TKM方程式统治英国卡丁车赛道近20年，现在已经被Rotax Max系列赛取代，后者提供与传统100mL发动机几乎相同的性能，但故障更少。但是，Rotax Max系列赛通常需要车手拥有更多的经验，而且参赛成本更昂贵。该赛事所使用的125mL水冷式TAG发动机每次大修间的运行时间更长（有限的转速确保大修间隔时间大约为25h，二冲程卡丁车的革命），因此运行成本可能低于TKM。此外，在英国某些地方还保留了TKM赛事，所以最好是检查一下当地俱乐部的运行情况。

Comer Cadet

年龄：8~13岁
发动机：60mL统一规格二冲程Comer发动机
　　大部分由俱乐部运营，是非常受欢迎的系列赛，将孕育不少F1冠军。密封的发动机动力单元如需重组或维修，则需要交给经过批准的服务代理商进行操作并控制成本/性能。

Honda Cadet

年龄：8~13岁
发动机：本田GX160四冲程发动机
　　与Comer初级类似，但采用本田的四冲程发动机，这意味着每次发动机大修间的运行时间会更长，因此运行成本大大降低。

WTP Cadet

年龄：8~13岁
发动机：带电起动按钮的60mL二冲程发动机
　　另一个年轻人的初级赛事，使用60mL二冲程发动机的替代型号，配备了电起动系统，不像其他Cadet初级赛事那样受欢迎。

Super Cadet

年龄：11~14岁
发动机：带电起动的60mL二冲程发动机
　　作为解决年轻车手过早进入成人卡丁车赛事问题的一种方式在2011年推出，是现有初级和中级赛事之间的过渡环节。卡丁车的最大空载重量为80kg，有驾驶人的状态下卡丁车的最小重量是115kg。经验丰富的Cadet初级车手可以在10岁生日或之后进入该赛事。

Mini Max 11+

年龄：11~17岁
发动机：受限制的125mL二冲程Rotax Max TAG发动机
　　Rotax Max系列赛的入门级，Mini Max采用了严格限制的125mLRotax Max发动机。与所有Rotax Max发动机一样，这些发动机都是密封的，以确保公平的竞争环境，并提供详细的服务历史日志。

Junior Max

年龄：13~17岁
发动机：125mL二冲程Rotax Max TAG发动机
　　从Mini Max卡丁车中移除限制器便成为Junior Max，随之所带来的便是速度的提升（约113km/h）。作为英国最强大的Junior中级赛事，对于新车手来说这不是一个明智的选择（Mini Max为125mL二冲程卡丁车赛提供了一个相对平缓的过渡）。

Junior TKM 11+

年龄：11~17岁
发动机：受限制的100mL二冲程TKM BT82发动机
　　一个曾经很受欢迎的赛事，在英国各地的俱乐部都保持着不错的表现。之后，受到了来自同级别Rotax Max系列赛成功的威胁。初级TKM发动机限制功率，并且可以选装TAG发动机。

下图：对于大多数进入卡丁车领域的年轻人来说，Comer Cadet是他们第一次同场竞技的赛事。（作者）

TKM方程式的动力单元,只是领先制造商所推出的新一代四冲程发动机的典型代表之一。(作者)

KF3

年龄:13~17岁

发动机:125mL二冲程水冷TAG发动机

国际级别赛事,KF3越来越多地出现在英国的锦标赛上。与Junior Max一样,这只适合经验丰富的卡丁车手。

Senior高级

正如你所期望的那样,对于年龄在16岁及以上的竞争者来说,这些赛事是比Junior中级赛事更强大的版本,最高时速接近137km/h。同样,Rotax Max是英国最受支持的赛事,TKM Extreme现在大部分都只限于特定地区。然而,除了这两个之外还有更多的赛事,例如,TKM方程式是一个有前途的Senior高级四冲程卡丁车赛事,尤其还有KF1和KF2这类顶级赛事存在,这是在Super One系列赛等大型锦标赛中过去A级方程式和ICA的替代品。有关详细信息,请参阅"国际级别"赛事。

TKM Extreme

年龄:16岁以上

发动机:115mL二冲程TKM BT28发动机,可选装TAG发动机

一度非常流行,随着125mL TAG赛事的到来,TKM Extreme赛事有着明显地减少。尽管如此,英国有些地区还一直保留并且拥有忠实的追随者,你可能会发现这是当地俱乐部最常见的系列赛事,它仍然是一个非常经济的Senior高级赛事,成本控制非常符合该赛事的核心哲学。

Rotax Max

年龄:16岁以上

发动机:125mL二冲程Rotax Max TAG发动机

随着125mL Rotax Max发动机动力的全部释放,对于经验丰富的卡丁车手来说,这是一个严肃且极具竞争力的系列赛。密封式发动机可以防止非法改装,并且维护成本往往低于大多数100mL级别赛事,但是Rotax Max的运行成本可能更高。

变速器级别

在此项赛事中,你会发现卡丁车赛事的顶峰,该级别的赛事速度和动力最高。它们有各种各样的风格,包括四轮制动,搭配七速变速器的发动机等,在Superkart赛事中的行驶速度能够超过241km/h。这些机器可以提供传统单座赛车的操控与加速,只适用于非常有经验的车手。变速器级别赛事是唯一可以在银石等

上图：Rotax Max系列赛目前获得很大的支持，毫无疑问是名列前茅的Senior高级赛事，至少在英国是这样，这在很大程度上归功于其革命性的二冲程发动机。（作者）

250 National

年龄：16岁以上（长赛道需要17岁以上）
发动机：250mL单缸Motocross发动机

作为最强劲的短赛道赛事，依靠5速Motocross发动机，最高速度能够达到161km/h（长赛道能达到225km/h）。这是一个比较流行赛事，由于其性能表现，该级别卡丁车需要运动型全宽式前鼻翼和后尾翼。

210 National

年龄：16岁以上
发动机：197mL风冷Viliers发动机

使用197mL风冷Viliers发动机（或其复刻品）的经典赛事，由通过210 Challenge组别的车手自行管理。

Superkart

年龄：17岁以上
发动机：250mL双缸6速发动机

最快、最吓人的变速器级别赛事。由于250mL的双缸发动机动力能够输出91马力，使得最高车速接近257km/h。这种卡丁车的极端性确保了它们只能在全尺寸赛道上进行比赛，可以享受更好的比赛条件。

长距离赛道比赛的赛事，除了标准的制动踏板和加速踏板之外，还可以使用手动或脚踏离合器（通常只能静态起步）。

ICC UK

年龄：16岁以上
发动机：125mL水冷6速发动机

实际上是KZ2赛事（参见"国际级别"赛事）的英国版，并且被视为变速器级别赛事的入门赛事。ICC是本级别最受欢迎，也是最经济的赛事。但是不要被蒙骗：该赛事赛车100km加速不到4s，最高速度145km/h（在长直线赛道上能达到193km/h），这对于初学者或经济条件一般者来说是不适合的，和以往一样，其他变速器级别赛事，如KZ1在"国际级别"赛事中都有详细说明，也出现在国家级赛事中。

美国卡丁车级别

美国有足够多的卡丁车比赛和发动机类型，它们足以填满这本书。为了让选择覆盖广泛，同时为其他章节留出一点空间，下面只列出了主要的WKA国家系列

右图：几乎与初学者无关，Superkart代表了卡丁车的终极性能，虽然不是本书的重点，但它们的极端性能保证了它们转瞬即逝的包容性。（Chris Walker）

赛（及相关级别），以概述北美洲卡丁车比赛的范围。

制造商杯系列赛

针对二冲程卡丁车的全国锦标赛，一共赛五场，赛事类型为冲刺赛，其中的参赛车手的年龄范围是从5岁到50多岁。

Kid Kart（幼儿卡丁车）
年龄：5~7岁
发动机：受限制的50mL Cormer发动机

初级运动者1、2
年龄：8~12岁
发动机：受限制的80mL，二冲程Comer K-80发动机

Komet运动者
年龄：8~12岁
发动机：受限制的HPV Komet Piston Port二冲程发动机

雅马哈运动者轻量级、重量级
年龄：8~12岁
发动机：受限制的二冲程雅马哈发动机

Komet中级轻量级、重量级
年龄：12~15岁
发动机：HPV Komet Piston Port二冲程发动机

雅马哈中级轻量级、重量级
年龄：12~15岁
发动机：二冲程雅马哈发动机

Komet轻量级、重量级
年龄：15~35岁
发动机：HPV Komet Piston Port二冲程发动机

雅马哈超人轻量级、重量级
年龄：15~35岁
发动机：二冲程雅马哈发动机

TAG
年龄：15~35岁
发动机：BM捷豹, Cheetah SQ 125, Comer K365, Easykart, Morori Seven, Parilla Leopard, Rotax FR 125, Sonik TX, Sonik VX, Vortex Rok, Vortex Rok TT, PRD Fire Ball等发动机

雅马哈大师级
年龄：35岁以上
发动机：二冲程雅马哈发动机

TAG大师级
年龄：35岁以上
发动机：参照TAG级别

金杯系列赛

针对四冲程卡丁车的全国锦标赛，一共赛四场，赛事类型为冲刺赛，其中的参赛车手的年龄范围是从5岁到60多岁。

Kid Kart（幼儿卡丁车）
年龄：5~7岁
发动机：受限制的50mL Comer发动机

Sportsman 1 Lite and Heavy（运动者1轻量级、重量级）
年龄：8~10岁
发动机：Briggs & Stratton Stock Animal发动机

Sportsman 2 Lite and Heavy（运动者2轻量级、重量级）
年龄：10~12岁
发动机：Briggs & Stratton Stock Animal发动机

Restricted Junior（限制中级）
年龄：12~15岁
发动机：Briggs & Stratton Stock Animal发动机

Junior Lite, Medium and Heavy（中级轻量级、中级、重量级）
年龄：12~15岁
发动机：Briggs & Stratton Stock Animal发动机

Animal Lite, Medium and Heavy（野兽级轻量级、中级、重量级）
年龄：15岁以上
发动机：Briggs & Stratton Stock Animal发动机

Animal Modified, Medium and Heavy（野兽改装级轻量级、中级、重量级）

年龄：15岁以上
发动机：Briggs & Stratton Modified Animal发动机

Masters Medium and Heavy（大师级中级、重量级）

年龄：35岁以上
发动机：Briggs & Stratton Stock Animal发动机

国家道路系列赛：Laydown和Sprint Sit-up级别

以前的耐力赛事，每年8到9站的全国系列赛，在美国最著名的公路赛道举办，例如Daytona International Speedway（迪通拿国际赛车场）and Road America。Laydown-enduro和Sprint-enduro赛事的卡丁车专门为耐力型公路赛而打造。公路赛事规定了比赛时间，Sprint-enduro是持续30min的短距离耐力赛，Laydown-enduro则是45min。

Junior Enduro Lite and Heavy（中级耐力赛轻量级、重量级）（Laydown）

年龄：12~15岁
发动机：仅限雅马哈发动机

Piston Port Can Lite, Medium and Heavy（Piston Port Can轻量级、重量级）（Laydown）

年龄：15岁以上
发动机：雅马哈，ARC Comer，PRD PK 100等发动机

100mL Pipe Medium and Heavy（100mL Pipe中级、重量级）

年龄：16岁以上
发动机：雅马哈KT100，ARC Comer P-50，ARC Comer P-51，PRD RK100，Parilla PV-92，Komet K-71，TKM BT81，PRC PP-100，DAP T-50，HPV 100等发动机

Yamaha Sportsman Medium and Heavy（雅马哈运动者中级、重量级）（Laydown）

年龄：16岁以上
发动机：雅马哈KT100发动机

100mL Controlled（100mL操控级）（Laydown）

年龄：16岁以上
发动机：100mL雅马哈，Piston Port，ICA Reed等发动机

Unlimited Final 1 and 2（最终无限极1和2）（Laydown）

年龄：18岁以上
发动机：250mL双缸带变速器，250mL单缸带变速器，100-450mL单缸（100mL和135mL允许双缸）等发动机

Formula 100 1 and 2（100方程式1和2）（Laydown）

年龄：16岁以上
发动机：100-135mL开放式，Comer MIK351L，CRG S10-TI，DAP T85，Ital ML21，Jako 2LA，Parilla Reed Jet，CR TSL95和TSL98，Rotax R-100 VM-E等发动机

Formula 125（125方程式）（Laydown）

年龄：18岁以上
发动机：125mL带变速器，B Limited或开放式发动机

Animal Junior Sprint Lite and Heavy（野兽中级冲刺轻量级、重量级）

年龄：12~15岁
发动机：Briggs & Stratton Animal发动机

Junior Sprint Lite and Heavy（中级冲刺轻量级、重量级）

年龄：12~15岁
发动机：雅马哈，ARC Comer，PRD RK100等发动机

WKA Sprint 1 and 2（WKA冲刺1和2）

年龄：16岁以上
发动机：雅马哈KT100S，ARC Comer，PRD RK100等发动机

CIK 125 Shifter 1 and 2（CIK 125变速1和2）

年龄：18岁以上
发动机：125mL本田CR Reed，川崎KX Reed，铃木RM Reed，雅马哈YX Reed，Gilera 125mL和TM Motocross等发动机

SPEC 125 TAG 1 and 2

年龄：16岁以上
发动机：BM捷豹，Easykart125，Parilla Leopard，Rotax，Sonik VX125等发动机

TAG 1 and 2

年龄：16岁以上
发动机：BM捷豹，Cheetah SQ125, Comer K365, Easykart, Motori Seven, Stock Parilla Leopard, Ported Parilla Leopard, PRD Fire Ball, Rotax FR 125, Sonik TX 125, Sonik TX, Vortex Rok Vortex Rok TT等发动机

Stock Honda 1 and 2（常规本田1和2）

年龄：18岁以上
发动机：本田CR125 RX发动机

高速铺装道路系列赛

拥有五站的四冲程卡丁车全国巡回赛，其中有20个动力级别（除了Kid Kart幼儿卡丁级别使用斯巴鲁Robin和Comer C-50/C-51发动机外，所有动力系统都是Briggs & Stratton Stock Animal动力单元），在英国东北部、中西部和南部的沥青椭圆赛道举办。

高速越野道路系列赛

在英国东南部拥有五站的锦标赛，也是唯一一个在泥土路上进行的WKA系列赛，这些赛事大部分都使用Briggs & Stratton四冲程发动机，参赛者是5岁到60多岁的车手。

其他系列赛

北美其他流行的卡丁车赛事包括国际上常见的系列，如Rotax Mini Max, KF3, KF2, KZ2和Superkart。

上图：高速卡丁车在泥土路面的椭圆赛道上举办，或许在美国占主导地位，但这并不能阻止其他国家加入进来。例如，在英国你会发现类似赛事Stoxkarts的爱好者。（作者）

国际级别赛事

国际顶级赛事需要得到CIK-FIA的认可,并在各个大洲和国家间广泛地举办,主要级别将在下文中详细讲解,并为那些想要成为专业卡丁车手,或继续进入其他类别赛车运动的车手提供职业道路指南。

KF3

年龄:12~15岁
发动机:KF 125mL水冷二冲程TAG发动机
Junior Intercontinental A(JICA中级洲际A级赛事),现在被称为KF3,与其他KF系列赛事在本质上是相似的,但针对的是年龄较小的组别。因此,发动机转速被限制在14000r/min,但是人的天赋绝对不会受限,这是最高级别的卡丁车赛事之一,包含国家级和世界级的锦标赛以及年度Junior Monaco Kart Cup(摩纳哥中级卡丁车杯)等重要赛事

KF2

年龄:15岁以上
发动机:KF 125mL水冷二冲程TAG发动机
之前称为Intercontinental A(ICA洲际A级赛事),现在被称为KF2,在纸面上看起来似乎与KF1很相似,但存在细微差别。动力系统是125mL发动机、带有离合器的水冷式二冲程TAG发动机,但KF2卡丁车发动机转速被限制在15000r/min,并且底部水分更少。 同样在各国家,洲际间广泛举办。车手必须名列KF2级别赛事的前34名才能参加KF1

KF1

年龄:15岁以上
发动机:KF 125mL水冷二冲程TAG发动机
众所周知的A级方程式,KF1自2007年以来使用的125mL TAG发动机,转速被限制在16000r/min(以延长发动机寿命),该动力系统能够令速度高达137km/h。KF1代表卡丁车的最高水平,欧洲和世界锦标赛汇集了这项运动最优秀的人才,但成本可能是天文数字

KZ2

年龄:15岁以上
发动机:125mL水冷6速发动机
之前是Intercontinental C(ICC 洲际C级赛事),现在是KZ2,和在技术法规方面和其"兄长"KZ1一样,主要区别在于轮胎的选择(KZ2为中性胎,KZ1为软胎)和使用手动机械式变速器(KZ1的变速器可以是电子式)。尽管KZ2在欧洲有相当多的支持者,但该赛事在美国也特别受欢迎

KZ1

年龄:15岁以上
发动机:125mL水冷6速发动机
之前称为Spuer ICC,拥有6速变速器的KZ1卡丁车比直接驱动的卡丁车更重,并且在驾驶技术方面的要求也不同,KZ1级别出现世界各地的国际、洲际系列赛中

Superkart

年龄:17岁以上
发动机:250mL双缸6速发动机
与英国的Superkart赛事没有什么不同(见前文),世界上最快的卡丁车在全球范围内都有支持者,全球顶尖车手都被其极致的弯道和制动能力所迷住

下图:努力成长进入国际级的赛事,例如KZ2——需要大量的时间、天赋和金钱。但卡丁车的美妙之处在于你可以在任何级别赛事中崭露头角。(Chris Walker)

左图:作为一个初学者,购买一个全新的卡丁车底盘是不可取的,因为有太多不可避免地冲出赛道的情况,将有限的金钱投入到这样的赛事中是非常昂贵的。不如将预算用于购买二手套件,将节约的金钱用于其他方面。(作者)

选择卡丁车级别

尽管卡丁车级别的选择范围很大,但是一旦你有系统地去处理这件事情,你的选择范围很快就会减少。作为一个初学者,选择变速器级别赛事是不可能的,如果你是16岁及以上,那么也排除了Cadet初级赛事和Junior中级赛事。

对于大多数人来说,在通常情况下就是找出当地赛道的比赛情况。如果由于你的能力水平选项严重受限或不适合,请考虑周围的俱乐部。如果你打算把比赛作为学习和练习的过程,那么不要被一个只在一条赛道上进行比赛的赛事拖延,这样就有时间到全国各地的赛道上进行比赛。如果这是你从一开始就准备做的事情,那么显然你需要扩大搜索范围,包括更远的俱乐部,但这可能会限制你做定期练习和测试。

卡丁车赛事的受欢迎程度可能会非常快地变化,因此在开始卡丁车比赛之前,可以在网上(通过卡丁车新闻网站、论坛和赛道网站)进行一些小小的研究,并阅读卡丁车杂志,以了解特定系列赛的运转情况。请记住,二手市场和俱乐部的数量受影响的概率要小很多,你能在那里选择可以参加比赛的卡丁车。

最后,如果在选项上看起来有些黯淡,请不要绝望,这不是世界末日,可以加入一个比目前能获取更多经验的赛事。你不可能在第一次参赛就获胜,但你可能会惊讶于你在相对较短的时间内进步的速度,不要害怕把你自己置于一个又一个奇怪的挑战中。这是人类最好提升技能的方法之一,显然这也直接适用于你作为赛车手的能力。

下图:俱乐部赛事可能缺乏F1式的魅力,但你会津津乐道你获得第一个奖杯的历程。(Greg Richardson)

第二章 初出茅庐

介绍	28
安全装备和赛车服	30
其他装备	33
赛车驾驶证	36
旗帜	38
比赛流程	40
关联服务	43
开销	45

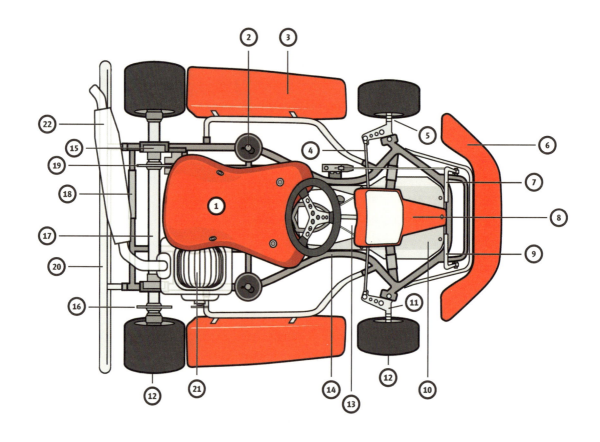

介绍

卡丁车运动和其他技术性运动一样,对于初学者对来说,最开始的阶段似乎很令人困惑。注意,卡丁车运动实际上很容易入门,不过在你坐进卡丁车的那一瞬间是无法预料到的。事实上这是持续学习的过程,这一章节的学习有助于你减少入门的畏惧感。

卡丁车

卡丁车是结构非常简单的机械组件,这也是它的魅力所在。它实际上由带座椅无悬架的底盘、转向盘、发动机、制动系统、四个车轮和四条无内胎赛车轮胎组成。无论从哪方面看,它都是一辆单座赛车,其核心部件经过精心设计——看似简单但动力强劲。

并不是说赛车级的卡丁车在调校设定上不具备一定程度的复杂性,很明显,它远离了你在一级方程式等更高形式的赛车运动中所面临的错综复杂问题。但它们的基本原理相同,稍后会讲到这一点。

初步对卡丁车进行了解将会发现大量的螺母、螺栓、线束和各种零部件,但你会惊讶地发现,很快一切都变得熟悉起来。在一定程度上是因为卡丁车的所有部件几乎都是开放可见的,这意味着只需要观察就可以确定某个部件的用途。同样,

上图:
典型的卡丁车结构
1- 座椅
2- 压舱配重支架(也可在座椅后面)
3- 侧保护壳
4- 转向横拉杆
5- 垫片(用于改变前轮轮距)
6- 前保险杠
7- 制动踏板
8- 头锥面板
9- 加速踏板
10- 地板
11- 主销轴
12- 车轮
13- 油箱
14- 底盘
15- 轴承
16- 链轮
17- 后轴
18- 扭力杆
19- 制动系统
20- 后保险杠
21- 发动机
22- 排气管

它也使修理、维护和安装变得更加简单。

显然熟悉你的卡丁车至关重要，以确保它能随时驶入赛道，所以花时间去了解它吧。如果你对卡丁车的某些方面存有疑问，在进入并驾驶卡丁车之前，可以请有经验的车手或俱乐部的技师帮助检查一下。

进入卡丁车

进入静止卡丁车的正确方式是直接踏进座椅位置，而不是底盘与底盘组件之间的空隙位置（在你进入卡丁车的时候，如果突然被另一辆进入维修区的赛车撞击，这么坐进卡丁车将是一种可靠的制动方式）。一旦你面朝前站在座位上，此时双手扶着椅背，放低身体，先让左腿进入，左脚放到制动踏板的位置，右腿再跟随进入。反之你会看到你踩在了加速踏板上，如果此时你的发动机正在运行，那就更有趣了。

要离开赛车，只需倒转顺序。先将你的手放在椅背上以起到杠杆作用，再把右腿抬起，接着抽出左腿并站在座椅上，最后跨过侧栏离开卡丁车。

驾驶姿势

首先注意的是调整好座椅后，肩膀要和椅背平行，手臂稍微弯曲，背部挺直紧贴座椅，不要向前倾斜——前倾会影响卡丁车的重量平衡，可能难以持续驾驶。即使踏板完全踩下，你的姿势也应该是挺直的，膝盖是弯曲的，转向盘和踏板通常可以调节，以便于正常的驾驶。切记，座椅位置对于卡丁车的操控至关重要，应该优先考虑，一旦确立了座椅的正确位置，你就可以修正转向盘和踏板的定位。

至于转向盘握姿，看看那些顶级车手，你会注意到他们中的大多数要么握着转向盘的"10点和2点"方向位置，要么是转向盘的"3点和9点"方向位置，前者是公认的理想位置，因为它能对底盘影响起到杠杆作用，有些车手从来不愿接受它，更喜欢相对称的"1/4到3/4"或"9点15分"方向位置。此外，转向盘的设计和卡丁车的动力特性将会影响你对轮胎附着性能的选择。

一旦握准位置，你的手就不要在转向盘上随意移动，卡丁车在转向盘只需转半圈就能打满方向，这意味着即使过发卡弯的时候，也无须重新定位手握转向盘的位置。

购买卡丁车

卡丁车有许多底盘可以选择，选择一个合适的底盘取决于你的预算和经验水平。

刚开始时，有大量的既往经验告诉你不要把大部分的钱花在购买一个全新的底盘上。不要期望自己第一次参加比赛就能获胜，你可能会多次冲出赛道。因此，毁掉一个昂贵的新底盘似乎是不必要的浪费。尤其是当你能购买到一个好的二手底盘时，再配上一套雨胎、一个支架、链条、链轮等，这能大大减少你的支出。

一个不错的二手底盘非常适用于积累经验，这应该是所有初学者应该关注的焦点。当然，在对这项运动还不太熟悉时，买一辆二手卡丁车对你来说就可能是一项令人畏惧的事。如果方便，请带上一位经验丰富的卡丁车车手，因为他能更好地评估底盘的损伤程度、前后保险杠

下图：没有离合器的二冲程卡丁车需要推着起动，有个简单的技巧可以学习，踩住加速踏板，直到发动机起动。(Enver Meyer)

对页图：确保你的赛车服符合规定要求，在驾驶时有足够的柔韧性。(Enver Meyer)

等部件是否符合现行赛事规定，以及交易成本核算。虽然底盘具有一定的弹性，但尽量不要购买使用超过一两个赛季底盘的车辆。

至于车型，到当地的赛道和车手们多多交流，了解他们在比赛中的表现，观摩不同俱乐部的比赛情况，了解分析比赛结果，这将有助于缩小你的潜在选择范围。还有就是浏览卡丁车杂志、网站甚至当地赛道告示栏的分类广告，这些都是寻找装备销售点的绝好途径。如果你所探究的车型并非主流且不多见，那么可能在寻找配件和技术支持方面会遇到一些困难。

同时参考一下当地卡丁车经销商库存的类型。互联网的发展以及在线网购卡丁车的普及让你的选择更加多样化。不过这似乎并不重要，重要的是他们的经验和建议值得你去实体店里多花钱，与其在线网购倒不如从经销商那里购买似乎更有价值。

一旦达到需要购买新底盘的水平，那么你需要试驾候选车型，从中挑选一辆适合自己驾驶风格的车型。卡丁车的底盘看起来很相似，但操控特性的差异可能会令人惊讶，因为有些车手根本无法适应某些特定的设计，随着经验的积累，你会很容易发现这些个性化的差异。当然，调校设定也对你发挥全部水平起着重要作用，对于一般卡丁车而言，底盘只是整个组件的一部分。

安全装备和赛车服

不管你用什么样的方式，如果没有适当的强制性安全装备，是无法参加比赛的。根据统计学理论，卡丁车运动远比其他运动项目要安全得多，在高速行驶的赛道上，卡丁车之间的相互追逐固然存在着风险，但一些基本的常识可以防止很多事故发生，只有少数情况是你无法避免的。对于这些情况，必备的防护至关重要。

头盔（必备）

一个高质量的头盔，不论全盔或半盔，应该位列比赛装备清单的第一项。价格方面可能会有很大差异，但你应该购买一个预算允许范围内质量最佳的头盔。不要购买摩托车用的头盔，例如为了获得MBA项目认证，卡丁车头盔必须遵守特定的安全标准，而这些标准并不一定适用于日常道路行驶。英国车手在申请赛车驾驶执照时，会收到一本列有目前安全标准的MSA（英国赛车运动协会）车手年鉴。任何信誉良好的卡丁车或赛车经销商都能够确保你购买到合适的头盔。

购买尺寸合适的头盔与购买符合安全标准的头盔一样重要，顶部应该贴得很紧，第一次戴上它时会觉得太小，但很快就会习惯。零售商也会给予必要的指导，如果你的嘴巴在张开和闭合时牙齿咬住脸颊内侧，且防护盖在头上没有松弛的感觉，那么它可能是最适合的——再小一点且长时间地使用，你可能会感到头痛。

最后，要爱护它。头盔价格昂贵，并且它的构造决定了只能吸收一次冲击力，所以即使把它扔在表面坚硬的地方也足以严重影响其结构，这之后再发生碰撞就不一定能提供保护作用。如果你对头盔的状况有疑问，可以直接把头盔寄到制造

下图：头盔是目前为止最重要的强制性安全装备，所以你要购买自己预算能接受范围内最好的头盔。(作者)

商那里进行检测，几乎所有的制造商都能进行结构完整性评估，所以在赛场附近携带头盔时要小心(或者把它放在维修区内——最好是放在水平的地面上)，购买一个带衬垫的头盔袋用于日常收纳，每场比赛结束后都要仔细擦拭，在不使用时应将它安全地收存起来。

当你戴着它进入卡丁车时，一定要确保系好头盔的安全扣带。

赛车服（必备）

各种制造商拥有许多风格各异的卡丁车赛车服，从最基本的单层外罩到多层、带衬垫材料的、包含身体保护衬板的，应有尽有。无论选择哪种类型，它都需要符合CIK（国际汽联卡丁车专业委员会，赛车运动的全球管理机构）的规定，这意味着它提供特定的安全等级，比如耐磨性。此外，卡丁车赛车服不需要防火。

购买赛车服时，应确保穿着舒适且能自由活动，尤其是手臂和肩膀部位的伸展性（许多套装在这些地方使用的是弹力面料）。另外，就是赛车服的尺寸，特别是袖口和裤脚的长度便于你坐着时可以遮住手腕和脚踝。尤其是在冬季比赛中，你可能会穿着较厚的内衣裤，所以要考虑到这一点。

一套赛车服只要精心打理，穿几个赛季应该不是问题。当赛事结束后，把它置于干燥通风处，并定期清洗，去除残留的油脂和污渍，这有助于延长它的使用周期。

当你进入赛道时，一定要把赛车服的拉链拉上，因为如果你忘了，很可能会被黑旗警示，这并不会让你显得很酷。

赛车手套（必备）

手套要有适当的柔韧性，便于灵活操控转向盘，同时也提供适当的保护。很多手套都是专为卡丁车量身定做的，无论你选择哪一种(考虑有加长弹性腕套的)，重要的是使它保持清洁。手套的内部或外

右图：在赛道上应该养成戴颈托的习惯。(Greg Richardson)

部如果沾染油渍就会降低对转向盘的控制，这需要特别注意。因此在处理卡丁车常见问题时，还要准备一副维修用手套。如果在训练或排位赛过程不幸扯破了赛车手套，你可能因不合规进而导致被排除在当日活动之外，所以在工具包里放置一副备用手套也是非常必要的。

赛车鞋（必备）

赛车鞋特意设计得轻薄，鞋底细窄，以确保其灵活性。反过来讲，这也意味着驾驶人具有最佳的踩踏板灵敏度，这对卡丁车的控制至关重要。无论选择高帮鞋还是低帮鞋，最重要的是要有内衬保护脚踝（规则要求），防止撞击受伤，同时顶部魔术贴绑带可以防止鞋带缠住任何可能导致严重事故的部件。

颈托

当你完成以上四项装备的购买后，紧接着要购买的重要的是颈托。你可能会发现不是每个车手都戴着它，因为即使在顶级系列赛中，颈托也不是强制使用的装备。与经验丰富的赛车手交谈，他会毫无保留地告诉你自己亲眼看见的部分事故，没有保护措施的车手最终被送往医院或坐上轮椅，这可能会说服他们使用颈托。

一个合适的颈托在发生撞击时能够限制头部的晃动，极大降低了颈部受到严重伤害的风险。在高速正面碰撞中，另一个潜在伤害是车手的头部突然受到侧向推力，由于头盔底部的撞击从而导致锁骨骨折——在这种情况下，颈托内的填充物可以有效地避免此类伤害的发生。

这并不是说你一踏上赛道就会与死亡相伴，事实远非如此。绝大多数卡丁车赛事都没有发生过严重的事故，甚至看似戏剧性的撞车事故也往往只是造成一些轻微的擦伤。但是，从本质上讲，赛车运动具有一定的危险性，事故是不可预测的，虽然无法全面应对突发事件，但尽可能降低风险显然是绝对有意义的。考虑到颈托价格便宜，穿脱方便、轻盈，并且能防止你的余生仍可以活跃于赛车运动中，而不是"浪费"在观众席上，这么一来真的没有任何理由反对使用它。

护肋

另外推荐一种安全装置——肋骨保护器，它不是强制性的必备品。由于车手过于狂热，看似不起眼的压路肩行驶引起的剧烈颠簸很容易导致肋骨损伤，除了极度的痛苦之外，可能还需6~8周的时间才能痊愈，这意味着你在静养期间可能会错过一些比赛。

市场上许多类型的护肋只不过是一小块薄薄的泡沫，在严重冲击下对你几乎起不到保护作用。当然，一些好的硬质护肋具有极佳的防护性能。如果你喜欢的话，就选择那些具有可调性并且穿着不会影响正常活动的护肋，最好是能套在赛车服外面的护肋。

防雨服

在英国，特别是当你计划参加卡丁车耐力赛时，一件保温防雨服是必不可少的。当天气发生变化时，它能保持身体干爽预防感冒，此外还有一个显著优点，就是不会因雨水而影响到你赛场能力的发挥（如第五章所讨论的）。大部分防雨服设计制作成本远比它们虚高的标价要便宜得多，而且容易撕裂，雨水甚至渗透到赛车服中。

除了这些昂贵的选择，不妨考虑下摩托车防雨服——它们通常便宜得多，而且做得更好，设计更合理，同时兼顾卡丁车运动所需的灵活性。另外，户外用品专营店可以提供一些具有良好性能的防雨服。防雨服不需要符合CIK的规定，因此选择是多样化的（确保你选择的型号不带雨帽，因为这可能不允许你参赛）。

巴拉克拉瓦（Balaclava）头套

巴拉克拉瓦头套不是卡丁车的强制配备，但可以让你的头盔环境更卫生，将它塞进赛车服中，为你的颈部提供一点额外的保护，并且在冬季比赛中可以让颈部更暖和。

内衣

规则里没有对内衣进行限制，可以购买一些特殊设计的卡丁车内衣，这些内衣穿着柔软而且凉爽，但是很多车手选择了轻便、舒适的T恤，这似乎也没有什么不好。保持身体温度调节很重要，因为它会影响你对卡丁车的操控，要找到适合自己的解决方案，不要去关心别人穿什么。

一个明显的变化就是在冬季的时候，体内的热量会产生显著差异，要尽量保持体温，尤其是腿和脚的保暖是关键，冰冷的双脚会让你失去敏感性，无法感知踏板的回馈，你的圈速时间也可能会受到影响。

护肘和护膝

在比赛中，可能因为与油箱或转向柱的轻微撞击，膝盖容易受到伤害，由于驾驶风格个性差异，肘部也会受到影响。那么护膝和护肘衬垫可以起到很好的保护作用，但很多车手在使用时发现太紧，不喜欢用它们，如果能克服这一点，它肯定是你在耐力赛事中的常用补充装备，而且多用几次就习惯了。

其他装备

虽然这不是一份详尽的清单，但清单所列的装备是你定期参加卡丁车比赛最常见的一些物品。

工具

你所需要的工具类型在第九章中有详细说明，现阶段你不用太大张旗鼓地去准备，只要了解一些常用的卡丁车工具就够了。

值得庆幸的是，很可能在普通的家用工具箱中找到能用的工具，但是其他一些卡丁车运动特定的工具，则需要重复准备才能最大限度地提高效率。

初次参赛不一定非得带着全套工具（卡丁车赛场的友好氛围意味着能够借用其他车队的工具，当然是在开赛之

下图：一辆专用的车队厢式货车不会非常昂贵，并且适合这项工作。(Enver Meyer)

前），重要的是确保你所购买工具的质量，是你能负担的选择中最好的。选择购买廉价工具是一项失败的投入，它会损坏你的设备，且让你的赛道生活变得一团糟。高质量的工具能够使用很多年，如果从长远考虑的话，最初购买这些工具所支出的额外费用似乎更加合理。

运输

将卡丁车和装备运送到赛场最直接、最经济的方法是使用家用汽车。只要它符合运输要求，在卸掉车轮后，许多卡丁车都能装进普通旅行车的行李舱里，但这只是一个短期解决方案。

一种更实用的方法就是选择拖车运输，一般车型相对便宜，可以满足你的要求，无须过多的改动。如果你的预算允许，最好专门投资一个适合运送卡丁车的车型。大家通常都会选择厢式拖车，能提供更好的安全性和量身定做的内部设计，以收纳你的卡丁车（不需要卸掉车轮）、备用轮胎和其他所有相关设备。

如果你很重视这项运动，可能会考虑使用专用厢式货车所带来的好处。对于有些人来说，周末可以利用工作关系借用或使用货车参加比赛，但每个人的情况不一样，市场上状况良好的二手货车很容易找到，就像拖车一样，专用厢式货车也有不同的尺寸和规格，且提供了拖车无法比拟的通用性。显然，充足的空间有利于装备的储存，无须移动内部设备也能自由取用备件。它还能帮你节省更多的时间去处理其他的事情。

大多数车队都会选择重新翻修车厢，最大限度地发挥车厢内部的效用和空间（例如，划出多个底盘的位置，这是最需要空间的项目）。更大的车型通常会内置一个隔间，作为基本的生活区，这是长途旅行节省住宿费用的理想选择。

托架

为了方便维护和调试，卡丁车托架是必不可少的，它可以使卡丁车在赛场周边随意移动。大型拥有充气轮胎的托架更容易通过赛场区域的有裂缝和不平的路面。个人选手应该考虑一个特别设计的结构，在没有外人协助的情况下能够独立地将卡丁车挪到地面上。

右图：卡丁车托架是必不可少的，能够让你在赛场周围以及调校维护卡丁车时轻松地工作。（Darren Bourne）

上图：遮阳篷对赛道生活质量有至关重要的影响。(Enver Meyer)

信号收发器

大多数卡丁车俱乐部都要求车队拥有自己的信号收发器（通常是AMB TranX-160），便于计算机计时和统计圈速时间，也有些俱乐部会根据赛事情况租用这些仪器，但你应该在当天比赛之前做好准备。

秒表

作为领队来说，秒表的作用不仅仅只是记录圈速时间，更是解决你与其他车手的差距，以及比赛单圈圈速时间的量化工具。特别是测试和练习阶段，赛场的显示屏一般不显示计时，那么一款具有多圈计数功能的赛车专用秒表至关重要，其他便宜的标准秒表很少具有这些功能。

提示板

虽然现代通信技术是个好的解决方案，但提示板还是个不可缺少的物品，它可以和赛道上行驶的车手进行沟通交流，传递信息，比如位置、车手之间距离以及剩余圈数、停站等。同样，自制的提示板也可以有效地发挥作用，而且明显便宜得多。即使你依赖无线电通信技术，提示板也应该成为你设备的一部分，在无线电通信设备出现问题的情况下成为备用的通信工具。

无线电通信

另一种与车手交流的方式正变得越来越流行，尤其是耐力赛，那就是无线电通信。最便宜的选择是购买一套对讲机，将耳机和麦克风套件装在车手的头盔中，这种方案可能无法应付二冲程发动机的噪声。也有专门的卡丁车通信解决方案，就是价格比较高。

遮阳篷

比赛期间，最不想做的就是雨天围着卡丁车来回忙碌，由于气候潮湿寒冷，匆忙中可能出现错误，心情沮丧，无法以良好的精神状态投入比赛。遮阳篷并不便宜，但会对你的比赛质量产生大的影响。在合理范围内选择你能负担得起的、最大的带有可拆卸面板的样式，以防天气发生变化时保持相应的温度。记得一定要把它压住（用旧轮胎灌入水泥，用嵌入式的铁钩系上安全带固定），不要掉以轻心，看似平静，但一阵大风就有可能刮翻遮阳篷（对周围停靠的车辆外观造成损坏），这样的事故并不少见。

右图:数码圈速计时器所做的远不止是简单地记录你的时间。(作者)

圈速计时器

数码圈速计时器很昂贵,但对记录你的圈速时间以及设定调校的改变是否影响速度快慢(所处位置)非常重要。其工作原理是读取以不同间隔距离放置在赛道上的磁条,并相应地显示你的圈速时间和分段时间。根据型号不同,还可以获取一些更详细的信息,比如发动机转速、总体比赛时间(耐力赛)、温度(水、油、气缸和排气)以及速度等数据,有些甚至还带有重力感应以及数据传输功能,通过电脑供你在比赛或测试后进行数据分析。如果打算参加夜间比赛,请考虑带有夜光显示功能的数码圈速计时器。

灭火器

在MSA(英国赛车运动协会)的比赛中,每个参赛者所驾驶的汽车或货车都必须携带灭火器。标准和尺寸等级在MSA车手年鉴中详细列出。

急救箱

参加卡丁车运动,小的划伤和擦伤并不少见,尤其是刚开始的时候。随着技术娴熟,你能熟练使用所需的专业工具,这些似乎变得不那么常见。所有MSA许可的赛事都会配备护理人员和救护车,对于轻微的伤害,随身携带的小型急救箱就能处理。

消耗品

提起卡丁车消耗品,大家首先想到的是燃油、链条和轮胎,但在特定情况下,它指的是食物。你会发现许多车手在初次参加比赛时忘记携带食物和水,而这些食物和水能让你在比赛当日保持充足的能量和水分平衡。许多赛道都有一些基础的设施,包括流动餐饮车或专用自助餐厅,但也有些设施不完善的赛道,当你置身场地中央,除了一群卡丁车队和少数的安保人员,一无所有。确保适量的食物和饮水对你当天的比赛至关重要。

赛车驾驶证

如果计划参加官方认可的赛事,你需要办理赛车驾驶证。其实,在某些赛道,即使测试阶段也需要持有相应的驾驶证，所以要尽快去办理。对大多数人来说，获取驾驶证不是难事，它实际上是卡丁车驾驶的入门课程，并确保你了解这项运动的规则，比如裁判旗帜的含义。在英国，你需要获得MSA赛车驾驶证。

申请驾驶证

联系MSA或当地的ARKS赛道，然后购买一个Start Karting（开始卡丁车）套装，它包括一段简要介绍英国卡丁车比赛的视频，以及如何获得驾驶证的详细信息，还有一份MSA车手年鉴（蓝皮书）和MSA卡丁车比赛年鉴（金皮书），详细介绍了所有赛事运动的规则。为了通过驾驶证考试，你需要了解与卡丁车有关的部分章节，也可以在套装里找到申请表。

驾驶证有一些免试条款，这些条款适用以前持有过卡丁车、赛车或外国赛车驾驶证的个人，以及需要办理卡丁车耐力赛驾驶证的个人，如果你符合其中某些条件，可能不需要参加考试。

医疗体检

申请赛车驾驶证需要预约医生为你做全面的身体检查，这项检查不是免费的，它涵盖了你的心脏和心血管系统、视力、血压和基本的神经反应（反射）等方面。目的是检查是否患有妨碍安全驾驶的疾病。记得随身携带你的驾驶证申请表，因为医生会在体检结束时填写相关数据并签名。

考试

如果你需要考试，可以在当地的ARKS赛道申请预约（也有些其他赛道被批准可以进行考试）。考试分为两部分：一部分涵盖驾驶能力（大多数情况下提供考试用卡丁车，预计这项服务将收取额外费用）；另一部分是通过多项选择问卷来评估你对规则的了解。如果其中任何一项出错，可能需要重新支付额外的补考费用（除原考试费用之外）。没有做好准备的车手，在申请考试前可以通过本地赛道的练习获取经验。

领取驾驶证

一旦通过考试，将你的申请表连同所需的最终费用一起寄给MSA，就可以拿到驾驶证了，通常需要15个工作日，如果用快递寄送，会另行收费。

加入俱乐部

拿到驾驶证后，首先需要加入一个官方认可的卡丁车俱乐部才能参加比赛和俱乐部的锦标赛，选择哪一家俱乐部都可以，这样你就能参加自己的第一场比赛了。

下图：一旦你拥有了MSA赛车驾驶证，你就可以马上开始比赛了。(Enver Meyer)

旗帜

当你在赛道上飞驰时，位于赛道周围不同位置的旗帜，是唯一能与你交流的裁判。应了解这些旗帜是必要的，还是强制性的，如果忽视了它，可能会受到裁判秘书的警告甚至处罚。除此之外，它还提醒你及时注意潜在危险。因此，在你被放入赛道之前必须正确理解它的含义。有时一些非正规的赛事也使用该标志，只不过用法略有差异，车手应在赛事简报中注意到这点，以下是卡丁车使用的旗帜样式和官方含义。

国旗

在起点信号灯失效的情况下，可以使用国旗替代信号。在动态起跑时挥动旗帜，表示准备开始比赛；旗帜落下，开始起跑。

绿旗

绿旗表示前方道路畅通，可以继续比赛。一旦黄旗控制的危险区域清理干净，就能看到裁判位置出示绿旗（如果是局部黄旗区域），或者是全赛道黄旗限制状态解除时，可以在起点/终点线看到绿旗。无论哪种情况，都意味着你可以恢复超车和回归正常的比赛速度。绿旗也可以用来表示编队暖胎圈的开始。

黄色人字绿旗

这表示有人抢跑，仅用于卡丁车赛事。当黄色人字绿旗出现，比赛应该停止，恢复原本发车位置后，比赛可以重新开始。

黄旗

黄旗意味着危险——发生了事故，提醒车手注意赛道附近可能有卡丁车、赛车手以及裁判。当旗帜静止时，你应该把卡丁车的速度降到可完全控制的范围内，不能超车。在挥动状态下，说明赛道上发生危险的事故，应该大幅减速并准备驶离标准走线，采取避让动作甚至是停车，再次提醒，不允许超车（这种限制仍然有效，直到看见绿旗标志，表示警示结束）。如果碰巧在黄旗下超车并且意识到自己的错误，尽快让被超过的赛车恢复到回原来的位置，这样一般不会受到处罚。

有时在短期赛事中会使用黄黑四分旗提醒车手减速不准超车。根据赛道事故情况和严重程度，大多数赛道选择黄旗以达到相同的效果，黄旗要么用作局部警示，要么延伸到整个赛道(在这种情况下，所有裁判位置将显示黄旗并辅以闪烁黄灯，或者只有全场闪烁黄灯)。

黄红色条纹旗

黄红色条纹旗是湿滑的警告标志。当旗帜静止时，提醒车手前面赛道湿滑，如果挥动旗帜，表示即将驶入湿滑路面。

红旗

红旗表示比赛暂停或提前结束，当发生严重事故以及在危险位置出现静止的卡丁车，或者诸如卡丁车无法操控、恶劣的气候等情况，应立即停止比赛，放缓速度，做好停车准备。通常，安全车会引导你回到维修站或起点/终点线。

蓝旗

当蓝旗举起时，表示后方有对手正在接近。挥动蓝旗时，表示对手试图超越。这通常是给后方领先的车手看的，当身后领先的车手跟着慢车超过一圈后，他们的比赛基本会受妨碍。虽然不必强迫对手通过，但选择一个不太浪费时间的地方让领先者通过是卡丁车运动最基本的礼仪。请记住，并非所有赛道/赛事都有蓝旗标志（允许领先者通过始终是卡丁车运动最基本的礼仪——没人愿意成为破坏他人比赛的原因）。

黑旗

黑旗且显示参赛者号码，表示要求该车手在跑完一圈后需要停回维修区，并向裁判报告，准备接受处罚，这可能包括被取消比赛的参赛资格。

黑白对角旗

这是一个警告标志，表明车手在赛道上的行为举止不当，可能会被进一步处以黑旗警告。

黑底橙色圆圈旗

黑底橙色圆圈旗且显示参赛者号码，表明卡丁车存在明显的机械问题，车手必须回到维修区。

黑白方格旗

挥动黑白方格旗表明比赛、资格赛或练习赛的结束。在通过方格旗后，车手需要放慢速度，将赛车驶回维修区或听从裁判的指示。

右图：正式的卡丁车赛事需要所有相关人员的一些基本资料——比如早上卡丁车的签到手续，以及检查卡。(Enver Meyer)

比赛流程

整个比赛过程虽然可能存在一些变化，通常大多数情况下会遵循一套固定的程序，但很快就会将这个流程养成习惯。以下程序基于MSA许可的赛事，在其他赛事中，你可能会发现一些不必要的程序，诸如车辆检查和称重等，而且也可以用俱乐部的卡丁车参加比赛，所以必须要对你使用的卡丁车进行快速检查，包括螺栓、轮胎、底盘和其他问题。

注意：对于新车手来说，在参加第一场比赛之前最好有一定的练习里程。

签到

在填写俱乐部的比赛报名表并缴纳相关比赛费用后，才会收到确认书和当日的比赛日程表。此外，新车手还需要找出自己的比赛号码，并准备好合适的车牌，

下图：在 MSA 比赛中，任何人在进入赛道之前，其装备都要经过检查员的核查。(Enver Meyer)

以便于当天使用。

到达赛场后，提前做好准备，卸下卡丁车，整理装备，然后尽快签到，避免稍后车多拥挤。俱乐部的工作人员会检查你的驾驶证和会员卡，如果你是作为团队参加比赛，那么所有团队成员都必须登记。签到时间通常在早上8点左右，为了确保一个好的停车位（有些赛场的停车位是非常紧俏的），以及充裕的准备时间，所以至少要提前半个小时到达赛场。

赛前检查

在签到时应该会收到一张车检卡，要求填写底盘和发动机编号等信息，然后交给检查员，核查设备是否符合安全要求。工作人员将会验证你是否穿戴合乎规定的赛车服、手套、靴子、头盔，并检查它们的状况以及卡丁车的状况。同样，尽量提前到达那里，避免因排队等候而浪费宝贵的时间。

左图：经过核查的装备通常贴有官方标签。(Enver Meyer)

称重

带上你的卡丁车，连同比赛时穿的所有装备（理想情况下已经穿戴完毕）到地磅上，确保你的重量不得低于允许的最小重量。记得带上头盔、手套和其他物品，比如护肋和颈托，并考虑油箱中的燃油量。

每个级别的卡丁车都会规定车手和卡丁车组合重量的最低标准，以示公平的比赛环境（较轻的卡丁车相对更容易制

下图：在称重时，为了准确计算压舱物的重量，记住穿戴好你在赛道上所有的必需装备。(Enver Meyer)

上图：良好的准备工作可以最大限度地减少进入赛道前所需的最终检查次数。(Enver Meyer)

动，加速更快，导致不公平的竞争）。在车手需要时可以使用铅块压舱称重，因为任何进入维修区的卡丁车低于规定重量值都会受到严厉的处罚。

最终检查

现在是确保卡丁车准备开赛的最后时刻，检查螺栓是否拧紧，轮胎压力、燃油量是否合适以及链条的润滑。再次确认当天的比赛程序、项目和起始位置，如果参加耐力赛，那就更简单了。热身赛后紧接着是排位赛，然后是正赛。

车手简报

车手简报是必要的，你虽然不能从中了解到比赛的每一项规则（在开始比赛之前，你应该了解这些规则），但对主办方来说，这是一个机会，可以让大家了解到当天比赛的有关情况，澄清由此产生的任何疑问。通常，也会提醒车手注意对违规行为的处罚，如进入维修区时发动机还在运转或无视维修区出口指示灯。每个赛道都会有细微的变化，所以值得去倾听。

热身赛/排位赛

热身赛的时间通常很短，一旦你被允许进入赛道就马上开始热身，要充分利用热身赛的机会校验设备是否运转正常——此时尝试去打破圈速纪录是不可取

右图：了解信号旗的含义，但也要记住裁判在赛道上的位置。(Enver Meyer)

的。在开放式练习赛中，根据情况针对自己的调校设定做出相应调整。在排位赛开始时（同样，不适用于所有赛事），你需要对驾驶卡丁车充满信心，并且集中精力跑好每一圈。

比赛

比赛开始程序取决于比赛类别，仅限于静态起跑或动态起跑。起跑时通常使用绿红灯传达信号，但在某些赛道可能使用旗帜，在起跑线挥动国旗表示准备比赛，国旗落下比赛开始。当显示黑白方格旗时，表示比赛结束(除非事先通过红旗来宣告结束)。

左图：在了解俱乐部所遵循的特定程序细节时，车手简报是强制性的，也是必不可少的。(Enver Meyer)

赛后车检

热身赛或决赛结束后，检查员会对卡丁车进行复检，以确保它们符合所有强制性的技术规定。

耐力赛也是如此，赛事结束后，所有卡丁车都先通过地磅称重，然后由裁判进行检查。

颁奖仪式

假设一切顺利，完成比赛的前三名车手按照排名依次登上领奖台，参加颁奖仪式是礼貌的表现，无论你的结果如何，这都充分显现了卡丁车运动令人瞩目的团队意识精神。

关联服务

除了本章前面提到的基本要素之外，还有许多与这项运动相关的服务。下面是一些相关的例子。

卡丁车学校

现在有许多卡丁车驾驶学校，提供不同水平的专业赛车教学，从完全陌生的新手到经验丰富的赛车手，也就是相差0.1s的单圈速时间。各个学校之间教学质量可能存在着较大差异，因此必须慎重选

左图：赢得你的第一场比赛，甚至第一次登上领奖台的机会，都有一种难以置信的感觉。(Enver Meyer)

右图：简单明了的头盔设计往往效果最好。(Enver Meyer)

下图：装备被盗时有发生，所以要确保为车辆和装备投保保险。(Enver Meyer)

择（特别是考虑到成本相当高），但是对于希望快速学习过弯或进一步提高驾驶技能的车手来说，一所好的学校可能是无价的。

脊椎按摩疗法服务

卡丁车缺乏悬架且受到来自各个方向的力，这样难免会对背部造成挤压，尤其是参加长时间的耐力赛。有些车手在比赛周末会定期接受理疗师的指压按摩，并且极其信赖这种疗法。

头盔设计

在刚步入赛车领域时没必要考虑头盔的涂装。随着你的赛场表现越来越好，才需要考虑定制个性化的彩绘头盔。如果需要的话，专门从事头盔绘制的公司可为你提供设计方面的帮助。

过于复杂的设计可能令人印象深刻，从远距离看却是一团糟，简单的配色从观众的角度看很有吸引力，而且更易识别（虽然不是直接相关，但也是考虑因素之一。这同样适用于个性化的卡丁车制服，能够提供一定的战略影响力）。专业的头盔设计并不便宜，如果你热爱这项运动，可以考虑加入它——它代表了你在赛道上的身份，也表明了你在其他竞争对手中的地位。

保险

对于那些投保了寿险的车手来说，需要注意，如果经常参加卡丁车运动，那么保险方案可能需要修正。保险公司会根据你的投保方案给出相关建议或做出相应调整。

至于特定的卡丁车保险，有专门的服务机构提供储存和运输保险、人身伤害保险，在某些情况下，甚至包括底盘损坏的保险。无论选择哪种保险，都应该有一套基本的储存和运输方案。卡丁车设备昂贵，为了预防偷窃，你应该把底盘和发动机的出厂编号记录在案，万一发生最坏的情况，方便查找辨认被盗的财产。

开销

你经常会听到卡丁车被称为廉价的赛车运动，实际上没有所谓的"廉价"。但相对而言，赛车运动的开销差异很大。例如，在国家、洲际和世界级高端卡丁车赛事中，车队的运行成本远远高于其他"更高"级别赛事的车队运行成本。

话虽如此，你也可以在相对较小的预算范围内享受本地赛车的乐趣。此外，许多系列赛事都制定了相关规章制度，旨在控制成本，同时反对"金钱竞赛"，即那些拥有大量资金、装备精良的车队长期包揽所有奖杯。此外，近年来兴起的"arrive-and-drive（即来即赛）"锦标赛提供了一种经济实惠的比赛方式，即使用相同的装备在公平的比赛环境下同台竞技。

不管你选择哪种卡丁车，都会花费大量的资金。除了购买装备外，拥有自己的卡丁车后，你必须记住整体的运行成本（如燃料、机油、轮胎、轴承、备件等消耗品），发动机大修、俱乐部会费、参赛费、保险费、旅途费和住宿费（如有）的预算。

当然，这一切取决于你计划比赛的级别。重要的是，你花费的资金是否与获得的乐趣成正比——或者能否保证技能的提升。许多车手在这项运动上投入大量的资金，错误地认为自己能够做得更好，这种荒谬的想法并不现实。采购装备时要做出正确的选择（比如在适当的时候购买二手装备），并且在赛道上使用它时应符合你当前的驾驶技能。在现实中，关注你的技能而非装备是更为有效的方法，这可以显著降低使用成本。

下图：高水平的竞争伴随着高成本的增长。(Enver Meyer)

第三章　比赛走线

介绍	48
正确的路线	49
弯道的类型	51
赛道学习	53

介绍

尽管任何人都可以轻松地以一条直线快速行驶,但知道如何最大限度地提高速度过弯才是赛车的基本原则之一。尽管有人会说这就像魔力,背后的基础知识很快就能学会,但掌握它们和学习其他事情一样,则需要花费很长时间。

你要考虑一件事,过弯时有一条最快、最理想的线路。这是一个将弯道"拉直"的轨迹。换句话说,可以提供最长半径的线路。设想一下,你能在一个开阔的弯道开多快,转一个半径较大的弯。相比需要大力减速的发卡弯,你只能转一个半径较狭窄的弯。它是遵循逻辑,只要你尽可能扩大弯道的半径,同时保持在赛道的边界内,你就可以在最快的线路上行驶。考虑到这一点,了解过弯的各个组成部分就变得非常重要。

入弯

入弯是一个点,在通过制动点后,准备要开始转动转向盘进入弯道的那个点。

不同弯道的转向比是不一样的，一般来说你开始转方向的位置和转向的程度决定了弯心和出弯点。

弯心（Apex）

弯心也叫剪切点（Clipping Point），弯心有时被描述为弯道的中间点，当弯道的半径线恒定时，这是正确的。但是，这在处理比赛线路时会产生误导。最好把它作为进入弯道和离开弯道两阶段的分界点。这通常是最接近赛道内边缘的区域，当你到达弯心时，要在赛车冲出赛道内侧边缘前重新踏下加速踏板输出动力。

出弯点

出弯点应该是卡丁车判断过弯结束的点。为了最大化转弯的半径，出弯点可能需要使用所有可用的赛道，有时甚至更多一点，为了跑出最快线路而在出弯处借用赛道边缘外侧路面的情况并不罕见（只要有路肩设计或弯道区域条件允许）。

正确的路线

通过弯道的最快线路是半径恒定且最大的弯线，但是现在是制定整个赛道的走线，两者是不一样的。这是因为在一个

上图：你的入弯点是至关重要的，因为它决定了下一个弯道的过弯条件。（Enyer Meyer）

左图：在通常情况下，可以在赛道路肩的内侧找到弯心。（Darren Bourne）

左图：请记住，最快通过弯道的路线不一定与赛道路线一致。（Enver Meyer）

右图：虚线表示通过弯道的恒定半径，而比赛线路表示为"实线"——注意更晚更急的入弯，靠后的弯心以及更快的出弯路线。

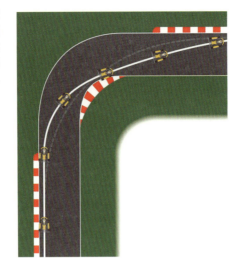

右图：过早地进入弯心通常无法绕过弯道而冲出赛道，除非减速以校正你的线路轨迹。

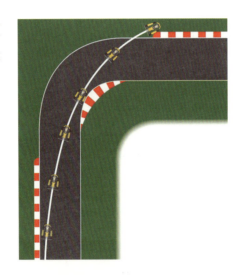

右图：错过入弯点导致切入弯心的时机太晚，通常是由于你在接近弯道时没有足够的减速。

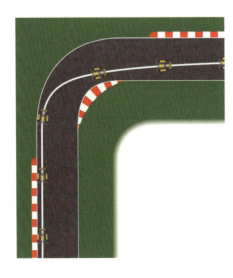

赛道上，你不会只处理一个弯道，而是处理由直线相连的弯道集合。直道构成了赛道的大部分长度，它也是赛道中行驶速度最快的部分，所以在理想状况下，你要尽可能地在此处少花时间，这意味着你必须快速地穿越它们。

你可以通过延缓你的入弯点来达到这个目的，在不得不制动前最大限度增加踩加速踏板的时间，这会推迟弯心位置，而且会比恒定半径的线更贴近弯道。这样做实际上会在出弯时形成一条更直的线。这意味着你可以更早加速，并且在出弯后，能以更快的速度进入紧接的直线。

一开始，可能感觉赛车的路线不是很自然，随着不断地练习，你会本能地开始适应自己的运动轨迹，确定自己进出弯道的方式，这能让你在赛道上更快。同时，你要记住，不同的卡丁车过相同的弯道走线略有不同，这取决于它们的自身特点。同样，这一切都归结于你的经验积累和大量的实践。

有一种方式能够增加你对赛车路线的感知，就是跟随一位经验丰富的卡丁车车手。要知道有些车手非常珍惜自己的线路，当发现有人跟着他时，很可能他会故意给你一个虚设的"假"线，让你措手不及，不过这在很多级别的赛事中并不常见。另一种选择是多花时间去观察那些优秀车手们在赛道上的表现，并在脑海里记下他们在制动、入弯、弯心和出弯时的位置。领悟到其中的奥妙，这对于你今后都会有很大的帮助。

犯错

有几种错误的方法可导致路线错位，但通常大多数错误都归结为过早或过晚入弯。过早地到达弯心通常是由于太早或太突然的结果，除非你做了一些剧烈的修正（包括大幅度减速、更过度的转向以及因此非常缓慢的出弯），否则你最终可能冲出赛道，因为你根本无法获得正确的过弯角度以使车通过弯道（不减速）。

相反地，到达弯心太迟通常意味着你在准备转弯时速度太快，不能及时制动，并且被迫在太迟和太急的情况下转向，结果不会像上面的例子那么戏剧化，你的出弯路线看起来会非常直，但是很遗憾你将没有足够的速度来利用它。

弯道的类型

很显然，你不太可能在你去过的每条赛道上都能找到相同的弯道。尽管你能利用自身的优势区别应对每一次过弯，但是有些方法可以适用于大多数人。

单弯心

大多数的单弯心弯道都相对简单，主要在转弯的角度上有所不同。假设它们前后成直线，赛车路线不应受到影响，应瞄准较晚的入弯点，小心不要错过。借用一点路肩，稍晚于恒定半径的线路切弯心，再给油加速，朝出口的最外边缘驶去。

发卡弯

虽然从技术上讲，发卡弯只有一个弯心，但它通常需要晚一点入弯。这意味着初始转向进入角度会更小，这是可以接受的，因为它的速度较慢。你将会瞄准一个非常晚的弯心，因此当你离开这些缓慢

上图：获得正确的赛道走线，是经过许多实践和对赛道进行系统学习后的结果。(Enver Meyer)

左图：发卡弯通常需要很急很晚地入弯，瞄准比较靠后的弯心，最大限度地加快出弯速度。

左图：可以说，一个发卡弯最棘手的地方就是能否准确计算出制动点。(Enver Meyer)

右图：大多数双弯心弯道实际上只有一个弯心，且位于两个弯心间那段赛道的中间。（由于插图宽度限制，走线被夸大了）

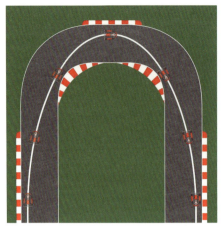

的弯道时，最好的方法是尽可能地加快你的速度。

双弯心

在大多数情况下，处理这些弯道的方法是把它们看成一个单弯心弯道。因此，弯心不会在路肩内侧，而是在赛道本身的一个点上。例如，在对称的双弯心弯道处，弯心在两个弯曲处之间，可能是实际赛道上的中间位置，取决于双弯心弯道的性质，这个时候可能形成恒定半径的线路，成为最理想的一条线。

可变半径

可变半径弯道指的是当你通过它们时，要么先收紧后开阔，要么先开阔后再收紧。在后者的情况下，你需要抵制住赛道引导你向内侧转弯的诱惑，然后坚持住走外侧，到后面再切入弯心。这能让你有机会更早地踩加速踏板加速，用更长的半径来转弯。在开始很紧、后面很开阔的弯道中，稍微早且温和一点入弯，比过90°弯道要早一点，并且利用赛道直线就在前方这一事实最大限度踩加速踏板加速。

假弯

尽管假弯给许多人造成了麻烦，但其实它并不是真正的弯道。如果你把它们分开来看，似乎没有直线可循。但实际上你会发现把它们合起来看更容易找到理想的路线。另外，还有个重要的事情要意识到，除非你正在通过一条非常开放的，近乎直线的路线（如节气门或转向变化很小或无变化），否则为了最大限度地提高你的速度，你可能不得不放弃某个弯道。

首先要确定的是两个弯道的半径是否相同，如果它们不相同，那么通常应该专注通过最长半径的路线以获得速度。例如，如果第一个弯道角度很紧，那么应该延后入弯点和弯心，以便保证出弯线路朝向弯道内侧(当然，这将成为下一个弯道的外侧)。如此一来，可让你在第二个弯道有最佳的线路，以确保用最快的速度出弯。如果情况正好相反，你会以更直、更短的直线进入弯道，在你出第一个弯道时会被逼到弯道外侧，这意味着在过第二个弯时，入弯线路很紧，因此需要减速，但这是可以接受的。因为通过第一个弯时加速节省的时间，可以弥补你通过第二个弯时在线路上所损耗的时间。

如果两个弯道是完全相同的，那么

下图：可变半径角的两个示例。

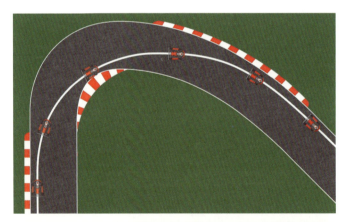

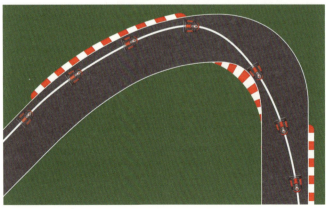

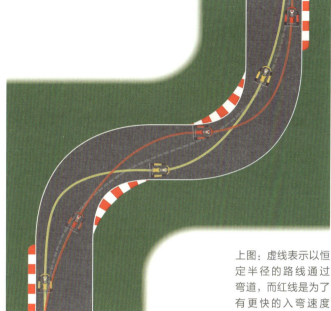

上图：虚线表示以恒定半径的路线通过弯道，而红线是为了有更快的入弯速度而妥协第二个弯道的路线（黄线则刚好相反）。

问题就是比较假弯前后的直线。在两者中确定一个有助于保持速度和圈速时间的线路。这时候最简单的选择就是挑最长的。但有时根据赛道设计的经验，分析起来会更加容易。如果选最初的直线，那么你就必须牺牲第二个弯道的线路，保证第一个弯道的入弯速度最快。但是，如果第二个更重要，那么妥协的弯道是第一个，因为你想用能操控的最快速度出这个假弯。

赛道学习

不要惊讶学习赛道这件事，除非熟悉它的走线，否则你的圈速不会太快。学习错综复杂的赛道路线需要时间，而有些则相对容易掌握，你期望在第一次涉足之后就能把所有合适的路线记住是不现实的。再强调一遍，除非你能提前获得正规稳定的测试或练习时间。很多人可能开始

上图：赛道行走是必不可少的，特别是当你在这个赛道上还是个新手。(Enver Meyer)

会在一个完全陌生的赛道上参加赛事，所以你需要尽可能快地学习它。

不管多特别的赛道，蝉联三届F1大赛冠军车手埃尔顿·塞纳只需要在赛道上花上两个小时，就能轻松愉快地描述出赛道表面的每一个细节。对大多数人来说，这并不是他们可能达到的认知水平，但所有车手都应培养能快速地从赛道上积累大量知识的能力，并且在遵循系统化方法的前提下，最终深入地了解一个

赛道。

赛道行走

如果你不熟悉赛道，那么在赛道上行走，是学习或了解它的重要组成部分，最好的方法就是多走几圈。没有什么比坐在卡丁车里绕着弯道，制定出正确的路线行驶还实际的。你会发现赛道的外观和感觉与行走时是不一样的。这是由于在赛道上一直高速行驶，不可避免地比你以更悠

右图：赛道的高度变化可能会对卡丁车操控有着积极或消极的影响。(Enver Meyer)

闲的节奏去欣赏它时，要错过很多细节。另外，站在更高的位置和角度来看赛道，在这方面有它一定的优势。

你应该注意赛道高度和外倾角的变化，并特别注意观察表面的不规则性，例如颠簸或不同的柏油碎石路段，这些可能会影响你的行驶线路（潮湿也会改变路面特性），所以绕过它们行驶也许更好。

这也是评估路肩的最佳时机，寻找如何在不对卡丁车造成损害的情况下安全地借用路肩，或者如何避免不压到路肩。另外，也要注意一些潜在安全问题的缓冲区，在比赛时你或许会需要它们。

最后，你可能还要找出制动、入弯和出弯的参考点，这点似乎从坐在卡丁车里来看，显得更直观。不管怎样，它是你后续决策的有效方式。需要记住的一点是，为了最大限度地提高赛道行走的实用性，你应该沿着比赛时的路线行进，这可以确保你对赛道的正确评估——换句话

左上图：要特别注意可能影响卡丁车性能的路面变化。(Enver Meyer)

上图：借用路肩之前，要注意路肩可能会损坏卡丁车。(Greg Richardson)

左图：赛道"脏"的一侧，用词不太准，但如果你偏离了行车线来到这一侧，你可能会为抓地力而挣扎。（Chris Walker）

对页图：参考点不应该是在比赛期间可能改变或完全消失的那种。(Enver Meyer)

下图：计算最晚制动点在比赛中能够发挥绝对作用。(Enver Meyer)

说，就是你将要驾驶的那些区域——而不是那些你不太可能驾驶的区域。

找到极限

许多初学者容易犯的错误，就是行走赛道时只熟悉一下方向路线。如果参加比赛，遇到一些竞争对手时，就会显得手足无措。

你应该利用练习时间，先找到赛道的极限，并且去适应和尝试。在新赛道上观察有经验的车手，经常会看到他们以惊人的规律性冲出赛道，从某种意义上讲也是周密计划的结果。

以制动为例（制动问题在下一章讨论），如何在还不知道制动点的时候，找到最晚制动的地方。理想的方式是在不断地晚制动过弯中，一圈又一圈地试，直到你再也不能让卡丁车减到足够的速度切入到弯心(这可能意味着你跑得很远或冲出了赛道)，如果这时你正在系统地延长制

动点,那前一圈开始制动的位置将成为该弯道的制动点。注意,你也应该稍微换条线路试一下,找到绝对最晚的制动点。当有竞争对手准备超车时,这个最晚制动点要能够保证让车减速到可以顺利切入弯心的速度,参见第六章。

同样,你每圈的入弯速度都要有规律地增长,直到偏离弯心或者出弯点。正确的入弯速度将是在超过它之前立即施加在圈上的速度。

很明显,随着车辆调校设定的改变,可以在赛道上进一步完善你的路线,但当需要快速学习的时候,应不计时间成本地去完善你的线路,甚至用上你的车辆调校设定的时间。这是因为作为一个初学者,通过研究最晚制动点,以及在正常水准设定下通过弯道的速度,每圈可以节省更多的时间。这能让你进一步了解新赛道,并随后可以调校卡丁车以适应赛道的特点,而不是通过调校卡丁车设定来节省时间,因为此时还没有制定赛道最佳走线,不一定能好好利用卡丁车的最佳操控。

参考点

一旦找到了制动点、入弯点、弯心和出弯点,你需要确保每次通过时都能找准它们。与其试图本能地记住这些,不如在赛道上选择参考点,这样你就会知道什么时候制动,什么时候过弯或者什么时候出弯。除非赛道存在永久性的不规则性,如柏油路面中新铺设的部分。其实在赛道表面选择参考点不太理想,通常橡胶、油,甚至是底盘磨损的痕迹都将会随着时间的推移而消失,有时甚至在同一场比赛中也是如此。

最好是将你的视野放在赛道两侧,但是要避免像石头、草块或任何会因压过它们而改变的东西。把注意力集中在路缘的明显特征上(比如损伤)或者在赛道边界线上。准确起见,尽量让参考点靠近赛道,保证你一定能很轻松随意地看到。

第四章　卡丁车的控制

介绍	60
了解轮胎	60
卡丁车基本动力学	61
车手的控制反应	63
先进技术	67

介绍

一旦知道了正确的路线,就必须最大限度地把注意力放在如何提高你的驾驶技能上。作为一名车手,终极目标是以你的能力一圈又一圈地将卡丁车控制在极限状态下。

犯错的空间可不多,一个顶级车手不应该习惯性犯错。

一致性来自于平稳和冷静的控制方法,也包括你驾驶卡丁车时对它动态的了解,以及这些因素是如何影响其操控特性的。

了解轮胎

轮胎是卡丁车最重要的元素。毕竟,它们是连接你和赛道的纽带。不管发生什么,你的感觉和卡丁车的一切,都是通过在底盘四个角落的黑色橡皮圈来传递,在第九章会涉及轮胎动力学核心方面的讨论,为达到控制卡丁车的目的,理解这个阶段的一些基本原理是很重要的。

牵引力

描述牵引力的一种粗略方法是把它看作轮胎产生的抓地力。这取决于所使用轮胎的复合材料类型(橡胶的硬度,选择柔软的橡胶能提供更多的抓地力)、作用在轮胎上的载荷(或力)以及赛道表面和轮胎的摩擦系数(两个元素之间的磨损程度,换言之,两者如何更容易地沿着彼此滑动)。

卡丁车运动和大多数形式的赛车运动一样,在赛道上做出最快速度的方式要求卡丁车保持绝对的牵引极限。一旦超越了牵引极限,轮胎就会失去控制能力,而卡丁车就会以打滑的形式付出代价。

如果你明白牵引力的水平是有限的,轮胎可以加速到牵引力的最大值,制动和转向所需要的力也都在这个牵引力之中,你就会明白为什么轮胎不能同时做到这三种情况。如果能够平衡对轮胎的要求，理论上所有这三项要求都可以达到，所以三者的总和不能超过总的牵引力极限。

事实上，卡丁车只需要轮胎同时处理其中的两件事——要么是制动和转向，要么是转向和加速。每隔一段时间，你都会单独踩踏制动踏板或加速踏板，判断在这些情况下有多少牵引力可用，你很快就会练就第二天性。

学习如何平衡轮胎的多维度要求，并且知道如何达到极限牵引力，这对于快速过弯以及进而做出最快圈速来说显然是至关重要的。

侧偏角

轮胎的侧偏角是轮胎指向的方向和它实际行驶的轨迹之间的夹角。在低速行驶时，轮胎将精确地跟随其指向的位置行进，这意味着侧偏角为零。然而，速度增加，侧偏角也相应增加。太大的侧偏角意味着卡丁车正在漂移，失去速度，因此是不可取的。但侧偏角太小——如果你不是轻微地滑过弯道，那么速度可以提高，而且应该更快。理想的侧偏角，即轮胎产生最大的抓地力的点，是需要一段时间来正确地评估，这是一个反复试验的过程，直到你对它产生感觉。

负载

这是另一种方式来描述放置在轮胎上的力量或重量。当加速时，随着重量分布转移到后面，大多数负载将落在后轮上——想想当踩下加速踏板时，你是如何被推回到座位上的。相反，当你制动时，大部分的负载都会转移到前轮上，同时重量也随之转移（当再次制动时，考虑到为了保持身体的重心，需要对转向盘施加压力）。当然，转弯时重量分布会向外移动，因此外部车轮承担的负荷最大。

轮胎接触面

了解载荷后，就很容易理解轮胎与地面接触面的概念，也称为足迹。正如它的名字所暗示的，这是轮胎底部与赛道接触的区域，它使卡丁车拥有了牵引力。接触面的大小取决于轮胎的大小和所承载的重量。如果你认为轮胎有效工作负荷实际上与在轮胎上承载重物一样有效，那么很容易想象在这种情况下，由于轮胎被压在赛道上，从而增加了接触面积。较大的接触面积将会给卡丁车更多的抓地力，换句话说就是更多的牵引力。减少了负载，因此减少了接触面积，反过来也就降低了牵引力。这将影响到对卡丁车的操纵，并在过弯中以转向不足或转向过度的方式表现出来，你将在本章后面内容中找到这些解释。

卡丁车基本动力学

主销倾角效应

所有的卡丁车的后轴都没有差速器，差速器是一种用于汽车的部件，可以让两个后轮以不同的转速同时工作。没有差速器在直线上行驶不会有问题，但是在转弯时就会发生问题，外侧车轮必须沿着更长的半径行驶，因此旋转的速度要超过内侧车轮速度，而后轴不允许两个车轮以不同的速度旋转，所以当你在驾驶卡丁车中过弯时，左右两个后轮是相互抵触着在赛道上摩擦。内轮被迫进一步旋转，而外轮的旋转速度受到轮轴另一端旋转速度的

对页图：了解轮胎的局限性是关键，要学习如何挑战轮胎的极限并最终发展为第二天性。(Chris Walker)

下图：没有后差速器意味着卡丁车不怎么容易转向。（Enver Meyer）

右图：主销后倾完全发挥作用——注意后部内轮如何升降以及为达到此目的对转向施加的力度。(Enver Meyer)

下图：转向不足的原因是前轮相对于后轮来说缺乏抓地力。

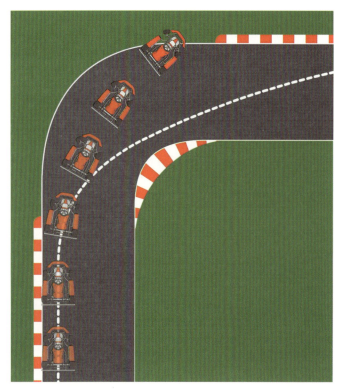

限制。这显然会影响你的整体速度。

卡丁车缓解这种情况的方式是依靠主销后倾效应来辅助过弯。主销后倾是主轴角度的变化，即车轮转向组件的一部分。当在卡丁车上使用转向装置时，主销后倾会令内轮向下运动，外轮向上运动，这意味着底盘的外前侧会下降。而这么做的结果，将有助于提升底盘的内后侧，从而令内轮抬起，这意味着外侧后轮可以在不受内轮阻碍的情况下承载更宽的轨迹，因此卡丁车能够转弯。

转向不足

由于前轮比后轮的抓地力小，这意味着当转弯时，卡丁车会直线前进，并拒绝朝前轮指向的方向前进。在慢速转弯时，这样做显然耗费时间，因为这种情况下要让卡丁车转弯是非常困难的。在快速开放的弯道上，少许的转向不足实际上可能有用，并且可以很容易地预测卡丁车的运行轨迹。

转向过度

当前轮的抓地力比后轮高时，会产生意外转向过度的情况。卡丁车因此会适当地改变方向，由于缺乏牵引力后轮会偏离直线，你的转弯半径比预期的要小。显然，这在某些半径狭窄的弯道中具有优势，但在中速转弯时，如果赛车手不能及时纠正车尾的滑行，则往往会导致打滑旋转。

车手的控制反应

初学者车手所犯的常见错误是通过观察其他车手,认为卡丁车的性质如同一支飞镖,所以当在赛道上相互角逐时,车手对卡丁车的控制反应也如闪电般迅速,车手更是疯狂般地操控卡丁车。事实上,情况正好相反,你要尽可能地平稳控制,因为这是最快跑完赛道的方式。

转向

如果读了上面关于坚实的后轴如何影响转向的一节,你可能认为最好不要转动转向盘。显然这对跑赛道没有帮助,但是现在能你知道每次转动转向盘时发动机要输出多少动力,明白为什么将转向动作保持在绝对最低限度是至关重要的。在一个完美的世界里,你应该把目标锁定在正确的行车线上,而不是在跑圈的时候进行各种方向校正。

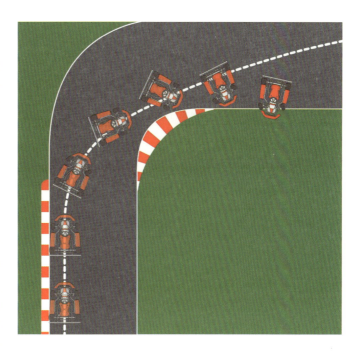

这需要绝对精确的转向,最好尽可能平稳地实现。经验有助于感知卡丁车,本能地知道需要多少转向输入。当然看得远一些,这无疑会非常有帮助的。

知道如何转动转向盘也很重要。这听起来很傻,但实际上卡丁车的控制方式确实不同。在左转时,转动转向盘时的大部分力量应该来自右手向上推动。从逻辑上讲,在右转时,大部分工作都是由左手

左上图：当转向时，应该由外侧的手来完成大部分的工作。（Enver Meyer）

右上图：转向盘握得太紧会增加犯错的风险。（Enver Meyer）

下图：当你松开制动踏板并开始踩加速踏板时，应该会有轻微的重叠。（Enver Meyer）

来做。通过推动转向盘，还可以为外侧前轮增加更多负载，正如你知道的那样，这将帮助你顺利通过弯道。

最后，保持松弛，紧握转向盘好像你的生命依赖于它一样，这会让你无法保持平顺，无法感受转向盘提供的所有操控反馈，并且很快会导致肌肉疲劳。这一点在耐力赛中尤为重要——在长距离直道时放松双手会有助于减轻不适感，这本身也表明你握得太紧。

踏板的控制反应

至此，你应了解应用加速踏板的方式，松开加速踏板，踩下制动踏板，然后再继续踩加速踏板应该是一个连续、平稳的运动。你总是在一个踏板和另一个踏板之间互换，当你在它们之间进行过渡时，特别要注意的是，脚不要一直踩在制动踏板上，避免过度的压力和热量的积累，导致要换新的离合器或发动机——除非你正在进行制动动作，否则你的左脚应该离开踏板，锻炼出一种行云流水式的踏板控制习惯，确保每次踏板力度的变化都不会干扰到卡丁车的操控性，使卡丁车的动态更好预测，最终，你会更快。

踏板间的轮换收放并不代表这是一个听起来缓慢而轻柔的动作。实际上，赛车的本质要求制动控制尽可能在短的时间内，这意味着你必须快速而有力地收放踏板，但这并不意味着你不能高灵敏度地进行制动。事实上，这是非常重要的，因为你会能够感觉到后轮的锁定或压力的释放。

同样，当卡丁车输出动力时，你希望尽可能早地实现全加速，但是你需要逐步做到这一点。在大功率的卡丁车上，急加速通常会让后轮失去牵引力，可能导致车轮打滑旋转。当然，你的敏感性会随着阅历的增加而增长。

左图：理想的驾驶姿势是背挺直，肩部与椅背平行，双臂和双腿微微弯曲。（Enver Meyer）

姿势

好的姿势非常关键。在某些情况下，你需要改变你的姿势，以帮助你改善对卡丁车的操控，这些在本节后面讨论。但在大多情况下你的背部应该是直的，肩膀与座位后部平行并且保持头部的高度。

你的头也应该是直的——许多初学者（以及那些稍微有点进步的车手）在转弯的时候会把头倾斜，这是可以理解的，因为这感觉很自然。但是在赛道上它会影响到你的最佳视野和表现。如果你观察那些顶尖车手，他们几乎总是保持头部挺直，身体僵硬，以尽量减少对操作的任何潜在影响(除了可能需要调整重心平衡的时候，详情后面会再叙述)。

这种高耸且有力的姿态，被旁观者解释为额外的优势。顶级车手们不仅仅是快，他们看上去也显得很快，同时他们非常乐意与竞争对手分享这一点，希望能吓到他们在赛道上遇到的一些人。

左图：在驾驶时身体前倾是很不明智的，除非你在长直道时试图减少阻力。（Enver Meyer）

视野

运动跟随你的视野。这也是为什么很多车手陷入到前车节奏中的原因之一,因为那是他们关注的焦点,他们的行为本能地适应到正在关注的地方。

一旦知道了这一点,你就可以利用它来发挥优势。目标是进入一种由潜意识承担大部分驾驶的阶段,仿佛自动驾驶一样(这需要胸有成竹的心态帮助,在第七章中还会讨论)。这会让你专注于想去的地方,显然这会比你目前所处的位置要靠前,但会让你的身体近乎自动地做出反应,便于执行必要的行动来达到你的目的。

换句话说,当接近弯道,需要制动和转弯时,你会把注意力集中在弯角上。当你到达弯角时,应该看到了出口。一旦到达出口,你的注意力就应该放在下一个制动或转弯点(取决于前面的赛道)等。

在实践中,这显然并不容易实现,因为它本质上迫使你"关闭"并忽略思维意识所坚持的对"现状"的控制,而去关注下一个点。此刻你需要一定程度的自信和经验,而大多数初学者还不能做到这一点。此外,对大多数车手来说,这种感觉完全不自然,不断地实践和拓展你的潜意识技能是很重要的,因为它可能会对你的驾驶技能产生相当大的影响,使你达到意想不到的圈速时间。你需要本能且精巧

上图和下图:有经验的车手总是保持头部伸直。(上图: Enver Meyer; 下图: Greg Richardson)

上图：你应该始终关注你所处赛道位置的前方。（Greg Richardson）

地对转向、加速和制动进行调整。但当你尝试有意识地去操作时会发现很难与它们相匹配。这样你的走线会更精确，视野也会和顶级车手有着一致性，所以越早学会越好。

先进技术

循迹制动

从技术上讲，循迹制动是一种先进的控制方法，但学会如何尽快做到这一点至关重要。一些卡丁车运动学校喜欢等到赛车手掌握了制动的技巧后才对其介绍，这么做是一定逻辑性的，如果你完全理解了其中的要求，那么从你开始练习赛车的那一刻开始或许就能掌握这项制动技术。

循迹制动是一种最大限度提高入弯速度的方法，同时最大限度地减少上一段直线上制动损失的时间。因此，你的制动点实际上比传统制动点更靠近直线。这需要使用所有轮胎的牵引力，在直道上短时间内进行大力且集中的制动（也叫极限制动）。

然后，当你开始入弯时，缓慢松开制动踏板。注意，这与完全脱离制动踏板的方式不同——你需要持续地制动，降低速度，慢慢地抬起制动踏板，直到接近弯心。这个阶段需要平衡转向和制动，注意不要超过卡丁车的牵引力极限。

通常，在弯心之前，一旦卡丁车驶入到合适的位置（循迹制动的附加好处是

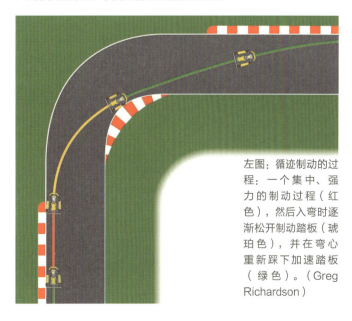

左图：循迹制动的过程：一个集中、强力的制动过程（红色），然后入弯时逐渐松开制动踏板（琥珀色），并在弯心重新踩下加速踏板（绿色）。（Greg Richardson）

67

会增加外侧前轮负载，因此帮助提升内侧后轮并使卡丁车更快地转弯），松开转向盘，完全脱离制动踏板，准备开始踩加速踏板加速。在加速踏板与制动踏板间过渡交替时，将有短暂地操作重叠（在有离合器的卡丁车上，最好是稍早开始加速，以确保在需要动力时立即松开离合器踏板快速出弯）。到达弯心时完全松开制动踏板，并在离开弯心时逐渐加速。

还有一种进阶技术对一些弯道很有用。就是在入弯时故意让后胎超过牵引力极限，令车尾甩起来，以便令卡丁车能比等前轮慢慢转弯更快地通过弯道，与此同时还可以提前踩下加速踏板，但要小心不要过头，否则就会有打滑旋转的危险。

重心转移

卡丁车运动对体重要求之高是有原因的，这不仅仅是用你的手和脚控制车辆来快速通过赛道。由于卡丁车相对较轻，你的身体是整个卡丁车系统中最重的一个单元。因此，可以通过改变整体的重量分布来达到最有效的操控效果，只需在座位上移动上半身就可以做到这一点。

即使是一个相对细微的动作也会产

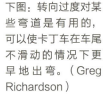

下图：转向过度对某些弯道是有用的，可以使卡丁车在车尾不滑动的情况下更早地出弯。（Greg Richardson）

左图：座椅内的上身运动对操纵有显著影响，是驾驶技术的关键部分，尤其是在湿滑路面的环境下。（Enver Meyer）

生明显的效果，但不要一开始便让自己变得扭曲。你希望的是能够在控制卡丁车极限的同时提升操控性，如果你的头盔已经在赛道上剐蹭了，那么你就无法做到这一点。

这样做的目的是为了将更多的重量转移到外侧后轮上，通过进一步给这个轮胎增加负载，从而有助于增加牵引力。同时减少内后轮的负载，如前所述，帮助提升内后轮，便于卡丁车能快速过弯。

在潮湿的环境中，在缺乏抓地力的情况下，改变你的体重是非常有用的。应该小心谨慎，特别在高速过弯时，紧密的过弯路线需要更坚定且突出的动作（通常是朝向前部，以便让外侧前轮有更多负载）。在这两种情况下，倾斜练习至关重要，这样就可以学习如何运用此技术而不会对底盘操控产生负面影响。

利用体重的更简单方法包括稍微向后倾斜，以增加对后轮的载荷传递，这有助于在极限制动过程中获得额外的牵引力，也可以在加速出弯阶段获得额外的动力。

锁死方向

如果整个卡丁车底盘设计成灵活变通是为了更好地在赛道上行驶，那么通过赛车座椅位置对车架施加压力来加强其操作特性是非常显著的方法。推动转向盘的影响已经提到过，但是另一种技术是在转弯时将整个转向盘转到底用手"锁"紧。此时可以有效地利用你的身体作为一个通道，将负载从前端传递到外侧后轮。在实践中，这是一种在你冲出赛道时帮助卡丁车转向过度的方法。当然，它并不像适当地更改设定那样有效，在你没有其他操作方法时，它肯定会有所帮助（相比之下，弯曲你的手臂将有助于避免转向不足）。

弯中制动

一些顶级车手可以在加速的同时通过施加一个小的制动动作来进行高速过弯，从而确保重要的发动机转速不会有损失。这项技术的成功与否取决于你的卡丁车类型——这或许是个"烧"离合器好方法，但专注于寻找正确的设定或许是更好的选择。

第五章　雨天比赛

介绍	**72**
技术	**74**
湿地走线	**76**
赛道变干燥	**77**
车辆设定	**78**

介绍

许多车手不喜欢或害怕在湿滑的赛道上比赛，这实际上是一种错误的态度。世界上两位最有天赋的赛车手艾尔顿·塞纳(Ayrton Senna)和迈克尔·舒马赫(Michael Schumacher)，他们都是雨战大师。在赛道变得湿滑时依然能够坚定不移地跑完剩下的比赛，这并非巧合。

如果想成为一名真正的车手，那么在湿滑的赛道上比赛会提高你的整体水平。它迫使你的操作变得超级顺滑，并帮助你更好地理解和感觉牵引极限在哪里。它起到一个很好的平衡，因为诸如动力和底盘的细微差异都被最小化了。相比之下，车手的失误被放大了。

所以购置一套得体的赛车服吧，但这并不能保证把所有的水都排除在外，穿上袜子、T恤和内衣，尽量不要在冷热交替的环境中感冒。理想情况下，还需要一副备用的手套和靴子，当其他手套和靴子烘干时可以替换使用。考虑对头盔目镜的防雾处理,在关闭它时应保持一个小的缝隙,使空气流通,降低目镜内部雾化的可能性。最后在卡丁车的底部钻两个小孔,它不会影响到结构的完整性,但能让收集到的水通过小孔排除,这意味着你不必像在戏水池中那样在赛道上行驶(也避免承载更多的重量)。

尽管如此,湿淋淋的状态仍会让人感觉不舒服,你必须在比赛结束后彻底地通风干燥。你应该积极地寻找雨天练习,甚至可以考虑使用光头胎——除了强迫你更加专注投入之外,对于比赛中突然下雨的状况会很实用,因为这时候去换雨胎是不可能的。无论你走到哪,只要你在湿滑的赛道上多跑几千米,最终经验会让你在干燥的赛道上更快地行驶。如果以这种态度对待问题,你会发现自己的表现更好了。

对页图:在湿滑的赛道上比赛可以令你的整体驾驶技巧有惊奇的提升,尽管有明显的不适,但车手应该喜欢湿滑的赛道。(Greg Richardson)

左图:在雨天比赛做的准备不仅限于合适的工作服和轮胎——你还需要有良好的心理准备。(Enver Meyer)

73

上图：赛车服是必不可少的装备——它会让你保持干爽和温暖，但也要考虑浸泡过的赛车服对体重的影响。(Enver Meyer)

技术

只有一种方法可以在湿滑的赛道上行驶，即平顺、平顺再平顺，制动踏板和加速踏板都要保持极端敏感。如果你的制动过程过于激进，轮子会被锁定，可能就会偏离轨道——但速度肯定也不会慢下来。

如果踩加速踏板的速度过快，车轮会打滑而无法快速前进，甚至可能发现自己正面对着错误的方向前进。

即使是有沟槽的雨水轮胎，在湿滑的赛道上转弯时，卡丁车也会出现严重的转向不足。第一次在这样的情况下打转向盘（习惯后你通常会更早些时候入弯），你甚至怀疑轮子是否还连接着，因为卡丁车将简单地以直线行驶，直至你发现自己偏离了赛道。不要惊慌，卡丁车会固执地忽略方向指令，直到速度低到足以让前轮胎"咬住"赛道，此时它会突然改变方向。你只要相信把握好抓地力就可以控制住车辆，但这种令人不安的局面需要一段时间来缓解。关键的地方在于卡丁车此时的动力——卡丁车在湿滑的赛道上是不太可能滑行过弯的——这也是在湿滑的赛道上循迹制动不是最好方法的原因。

在一些卡丁车上可以运用锁死转向盘的技巧，把转向盘拧到一个相应的角度并用手锁死，以便加强主销后倾效应，尽量让后轮提升。一旦卡丁车出现开始转弯的迹象时便松手（不这样做可能会打滑旋转），你也可以很顺利地完成这个动作。

即使上面的技术不适合你的卡丁车，在湿滑的赛道上行驶时车手的姿势更

右图：流畅驾驶的车手往往在潮湿的赛道环境中受益最大，因为转向盘、制动踏板和加速踏板的输入会被放大。(Enver Meyer)

左图：在湿滑的赛道上过弯，最理想的状态是身体向外、向前倾斜，这样可以帮助卡丁车转弯。(Enver Meyer)

为普及通用。当驶入弯道时，将身体朝外侧前轮倾斜，尝试帮助后轮降低负荷，促使卡丁车通过加载外侧前轮来转弯，倾斜的程度和力度取决于弯道的开阔狭窄程度——通常，弯道越狭窄，动作的力度就越大。在离开弯道时请回到座椅上，便于给后轴增加负载以获取相应的抓地力。慢慢地输出动力，直到进入全速状态。

在湿滑的赛道上行驶会感到凌乱而且非常缓慢。几乎所有的人都会这么想。实际上是有可能进入到一个令人满意的流程，控制速度平衡出弯，并对接下一个弯道，同时保持高度警惕，防止卡丁车发生任何的异动迹象。你需要更多的经验，而获得经验的唯一方法就是尽可能多地接触湿滑的赛道。

下图：学会在湿滑的赛道上比赛是至关重要的。(Enver Meyer)

右图：通过对比标准的湿地走线（蓝色）和干地走线（虚线），可以看到和湿地走线只有两个交叉点，通常宽路面会有更大的抓地力，但在干燥路面上不会做出这种过多的动作。

湿地走线

一般来说，解读湿滑赛道最简单的方法就是完全脱离了干燥赛道的走线思路，这是由于干燥的赛道上经常会有一些橡胶沉积物（以及机油、燃油等），一旦和雨水混合就变得非常湿滑和危险。因此，在湿滑的赛道上的抓地力往往不如在柏油路面上。在干燥的赛道上你或许不想在干净的柏油路上行驶，但在这种情况下就变得很理想了，因为雨水会积攒在赛道上（而不是平铺在路面上，当你压上它时，这感觉就像三明治中的果酱）。

在弯道区域行驶通常意味着要在前面所讲的比赛走线之外行驶（注意这不一定与在弯道外侧行驶相同），但情况并非如此，因为每条赛道都不相同。例如，在高速过弯时，湿滑赛道很可能与干燥赛道有着相同的走线方法。如果不是下雨，你显然不会发现会有这么严重的转向不足。

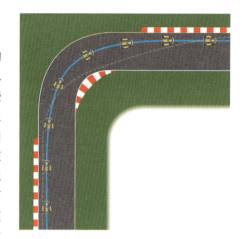

在赛道中，即使是低速弯道也有可能具有与干燥赛道类似的走线。可惜的是，研究湿滑赛道主要是一个反复试验找到解决方法的过程，赛道的特性依据水量的多少随时都可能发生显著的变化。

为了在湿滑的赛道上找到最快的路线，最好的建议是对自己和卡丁车的感觉要有信心，不要害怕尝试不同的走线，不管它们看起来多么奇怪，也可以从中获取

下图：湿滑赛道走线通常会偏离干燥赛道走线。(Enver Meyer)

一些安慰。事实上，大多数车手在很多时候也不一定非常确定他们正在做什么。

赛道变干燥

如果你认为在湿滑赛道上行驶是困难的，那么再想想，很少有人能做到驾驶卡丁车，如在干燥赛道上那样高度集中注意力。为了控制抓地力，可能会在每一圈的基础上改变赛车的路线。其结果是你的走线比早几圈全湿滑走线要利用得更满，这其中还可能穿插一些干湿混合的环境因素。

尝试确定新的路线抓地力时，诀窍是不要偏离前一圈的轨迹太远，尽量保持系统性的驾驶方式，这样做可以让你避免偏离赛道的任何潜在危险。

记住，当天气突然转好时，赛道可能快速地干燥，再加上其他车手的数量，会分散四处的积水，这就给雨胎带来一个额外的问题，雨胎由一种柔软的混合物制成（为了在寒冷潮湿的环境下最大限度地提高其热量或牵引能力），因此在干燥的赛道路面上使用时会迅速地分解。显然，在干燥的赛道上，你要更换光头胎，这只是时间问题，这时要尽量使轮胎保持冷却。例如，在直道行驶时多从有水的路面行驶可有助于防止轮胎过热（当你更换轮胎时，记住要把湿滑环境的设定改为更适合干燥环境的设定）。

上图：湿滑环境下的成功来自更多的实践。(Enver Meyer)

下图：部分湿滑的赛道可能是危险的。(Enver Meyer)

右图：由于缺乏抓地力，底盘在湿滑的赛道上没有弹性，所以提高重心可以帮助提升赛车的后轮。(Enver Meyer)

下图：注意增加前轮距，这是潮湿环境比赛典型的设定要求。(Darren Bourne)

车辆设定

第九章概述了主要车辆设定的变化如何影响卡丁车操控，当然环境标准是以干燥赛道为主。另外，你应该把所有与潮湿环境有关的设备放置在一个容器中，便于比赛期间或者比赛中因环境的变化，能更有效率地变换成湿式设定，本章包括一般设定和湿滑赛道设定的相关建议。

所有设定更改都一样，测试它们的效果是非常重要的。如果做得太过，卡丁车将很难驾驭。最后请记住，大多数潮湿环境对于干燥赛道赛车来说都是不可取的。如果天气预计会在整个比赛中有所改善(更适用于耐力赛)，那么相对于在维修站中浪费太多时间，把所有的设定都改回干燥的状态来说，湿地设定是一个更好的解决方案。

重心

由于湿滑赛道通常缺乏抓地力，使底盘弯曲变得更加困难。这也是为什么长期转向不足的原因之一，因为卡丁车在运行过程中实际上是"平躺"在赛道上，抵消这种情况的方法是提高重心，给底盘施加更大的重力，使其弯曲。通过抬高座椅或将座椅向前倾斜来达到这个目的，或将铅坠重量重新定位到座椅上部都会有所帮助。

后部设定

在湿滑赛道上，减少内侧后轮的负载会更加困难，因此你需要减少后轮距的宽度，减少两个后轮在转弯时的半径差异，这有助于对抗转向不足。

另外，加固后保险杠。通过增加一个扭力杆（如果底盘允许）帮助过弯时提升内侧后轮，因为它受到潮湿环境前部设定的影响，但请记住，这可能会消耗牵引力，尤其是在特别颠簸的赛道上比赛更是如此。

前部设定

与后部设定相反，前部轮距通常应该加宽，前保险杠松弛。这有助于增加抓地力以更好地过弯，并有助于内侧后轮减少负载。

此外，降低前悬架的高度也可增加赛车前部的载荷，帮助卡丁车改变方向。

你想要增加负前束的效果（越湿滑，设定越高——15mm并不少见）来提高过弯能力。此外，在转弯时让前轮摩擦赛道，有助于保持较高的温度，从而获得更大地抓地力，低温和低摩擦水平的湿滑赛道可以防止轮胎过热。

一般来说，最大限度地提高主销后倾角的设定和增加外倾角也是一个好主意，尝试在不同的环境来感受它们的效果，并记住不同的设定将会提供各种各样的机会，只有通过广泛的测试，才能积累卡丁车特性的必备知识。

下图：在湿滑的赛道上，出色的过弯能力来自于负前束、主销后倾角和外倾角的设定。(Enver Meyer)

第六章　赛车技巧

介绍	82
超车	82
防守走线	87
路况处理	89
赛车礼仪	90
意外事故	92

介绍

成为一名优秀的车手是一回事,成为一名优秀的赛车手是另一回事,即使是具有特殊天赋的赛车手,也必须培养自己的赛车技巧。优秀的赛车技巧和驾驶能力保证了成功,但这需要多年经验的积累。庆幸的是,这项运动的高度竞争性质意味着,没有比卡丁车运动更好的学习方法了。

超车

顶级车手让超车看起来毫不费力,但外表可能具有欺骗性,超车是令人最满意的比赛元素之一,掌握它需要很长的时间,了解赛车走线的概念至关重要,这也是本书现在才阐述超车技术的原因。

实际上,有两种主要方法可以超越对手。最简单的方法是在直道上超越他们,从有优势的出弯点加速驶出,利用竞争对手车辆行驶形成的气流获取更多的优势,快速地超越他们。或者,在入弯时比对手晚制动——弯道越急,通过它的直线就越长,这样你的机会就越大。当然,还有其他的方式,一般不太常见,而且常常依赖于不规则的情况或对手自身造成的一些情况。

对页图：如果你不知道如何超越对手，那么世界上所有的驾驶技能就都被你浪费了。（Enver Meyer）

左图：一个很好的例子，在过弯时让对手出错陷入困境，从而获取优势位置。（Enver Meyer）

上图：最佳的超车机会发生在第一圈的混乱中，所以要学会将每次机会最大化。（Enver Meyer）

计划

一个好的车手通常都会提前计划如何超车。例如，必要时尾随前车跑几圈，来评估前车任何可能被利用的弱点。即便如此，决定性的移动很有可能是从前一个弯道开始，这给了车手额外的进攻速度。事实上，卡丁车运动保持动力是关键，有时稍微滞后一点是为了更好地超越对手，这需要有一定经验和精准的计划。

保持警觉

虽然超车计划的策略很重要，但同样重要的是，要随时准备弥补因位置缺失处于劣势的任何机会。例如，在车流中，前面的卡丁车对竞争车手采取行动时，通常车手会在猝不及防的情况下被超越，同时你也有机会一起超车。另一种可能是，两人会纠缠在一起，让你一步到位超过两辆车，学会充分利用这样的情况，很快你会

右图：许多超车机会来自于最大限度地利用长直道的尾流效应。（Enver Meyer）

发现这是一个冠军车手不可或缺的部分。

压力

虽然你不想通过把他们碰出赛道而超越对手——这种策略没有什么价值或回报——迫使他们自己犯错,让他们承受压力并没有错。比如说,在同时入弯的过程中轻轻地碰一下前车会提醒他们,你还在后面,可能会让他们想起你而不是只盯着前方的道路,这样就有可能错过制动点,反过来就给了你一个机会。

尾流

观看过赛车运动的人都会知道尾流效应——由于前面的赛车完成了切割空气的工作,后面紧跟着的另一辆赛车就会减小阻力,此时如果后车想要超车的话,会比竞争对手更有动力优势,更易超越对手。这一原则同样适用于卡丁车,在另一卡丁车后面较长的直道上获得一定速度的增益(有些车手甚至把头埋在转向盘上以进一步减小阻力),这样就能在下一个弯道前抽出车身迅速超越对手。选择时机很

上图:最后时刻平稳地从对手车辆形成的气流中抽身。(Enver Meyer)

左图:请注意 20 号车与被超车辆间的距离。(Enver Meyer)

左图:如果你被超越了,别太纠结。相反,要专注于你竞争对手的后保险杠。(Enver Meyer)

右图：比竞争对手晚制动是最常见的超车动作之一。记住，你只需与对手并肩到达入弯点，就能有效地占据弯道，然后再调整位置。（Enver Meyer）

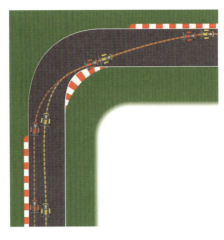

重要，但顺其自然也是很重要的，许多车手会在最后时刻从前车后面猛然抽出，这样也失去了好不容易积累下来的速度。

做正确的事

制动时，必须和竞争对手并肩在一起，以确保他们知道你的存在，这样才不会干扰你。显然，了解制动的时机至关重要，这就是在比赛之外时间练习这一点的重要性（如第三章所述）。

你需要和对手保持多远的距离才能取得成功，这可能是个永恒的话题，但一般来说，如果成功地让你的前保险杠越过了对手卡丁车的中间点，你就处于一个强势的位置。你将占据弯道内线，他们要么试图从外侧绕过，但这不太可能成功，要么屈服蜷缩在你的身后。

开始行动时，应尽可能地靠近正常赛道走线，正如你希望的那样，这将是速度最快的路线。这样做的另一个好处是，如果竞争对手盯上你的话，他们不太可能有足够的动力影响你的行驶轨迹，或者让你偏离赛道。当超车时许多初学者离对手的车太远且妥协使自己的走线入弯，这让竞争对手更容易重新回到自己的位置。

上图：在这张画面中，27号部分靠后，距离前车太远无法占据入弯的有利位置。（Enver Meyer）

右图：正确执行超车动作的例子。（Enver Meyer）

出错

在尝试比竞争对手晚制动时，超车出错的状况并不少见。他们通常会高估自己的制动时机，造成距离前车太远以至于没有机会快速超越。与判断正确的超车状态相比，他们需要更多额外的距离，这意味着必须延长踩加速踏板的时间，许多车手就是因为太晚松加速踏板导致入弯太深，从而使你有机会重新定位自己的位置。显然，这是不可取的。

防守走线

成功地驾驭防守走线可以防备身后试图向你移动的卡丁车车手，并阻止他们超越。但这么做的代价就是会跑出一个较慢的圈速。一般来说，你必须离开正确的赛道走线，以便挡住弯道内对手可能试图进行的晚制动操作，这意味着你要在狭窄的半径范围内缓慢入弯通过。好消息是，你保持了对线路的控制，身后的卡丁车没有过多的选择，只有跟随。坏消息是，如果没有处于领先位置，那么你前面的竞争对手就会快速离去。

要意识到，防守线有它的时间和位置。在比赛的最后阶段，你显然想把任何

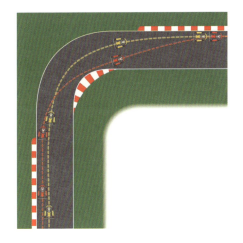

左图：在试图超越对手时，你会推迟制动点，可能你会得到他的位置，但很快会竞争对手又会夺回来。因为你总是错过最佳的入弯点和弯心，只能缓慢地出弯。
（Enver Meyer）

有威胁的对手留在身后。然而，比赛的早期阶段，最好不要为争夺排位太过努力，一旦有车手超越尽量和他们保持一致，并在稍后的阶段尝试改变。比赛中，两名车手一起努力追赶领先者，而不是浪费时间试图阻挡和超越对方，这种情况并不少见。这就是为什么有时你会看到卡丁车在直线上紧跟着另一辆卡丁车前进的原因之一，这种速度优势是一种策略，要么抓住对手，要么让自己远离追逐，一旦重新明确领先者，那么比赛就会继续下去。和卡丁车运动的许多方面一样，善于动脑筋会对你的成功产生真正的影响。值得注意的

下图：防守是一种技巧，让对手很难在超车的时候取得成功。
（Enver Meyer）

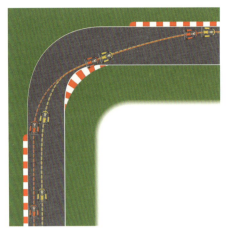
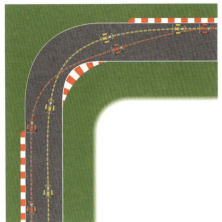

右图：捍卫自己的位置时正确与错误的技巧。

是，通常比防守更好的策略是专注于跑出干净利索的圈速。如果对手追赶不上你，就没必要防守了。

此外要面对现实。作为初学者，你不太可能与经验丰富的车手并驾齐驱，从理论上讲他们比你快得多，没必要为难他们，因为这样做毫无意义，而且也不会交到很多的朋友。同样的道理也适用于有经验的人，因为如果令卡丁车发生机械故障或性能衰竭会让你更痛苦。

记住，防御性驾驶并不等同于在赛道上迂回地拦截，这通常是违规的，而且很可能会导致事故发生(或者是被愤怒的对手撞出赛道)。

做正确的事

防守显然不会在直道上发挥作用，速度更快的对手只会在你旁边驶过。所以，它的主要用途是在接近入弯时防止其他车手的潜入从而取代你的位置。理想的情况是，你需要把卡丁车定位在一条更靠近中心的线上，迫使身后的卡丁车在进入内线和试图外部突破时犹豫不决。后者的成功率很小，因为在你进入弯道时仍然略微保持领先，所以能够更好地控制行驶路线和速度。

再一次出错

防守时，典型的错误是过于靠近赛道内侧边缘。同样，也吸引那些试图通过外侧绕过你的车手。然而，这会让你的入弯角度变得更加狭窄，你要么不得不过度地放缓速度，要么更加深入弯道才能通过，这足以让其他赛车通过正常路线跑在你的前面。或者，如果你仍然设法先行到达内侧路肩，对手也会以更快的速度从你旁边超过。

被超越

应对被竞争对手超越的技巧(这种情况将会发生，尤其像卡丁车这样竞争激烈的运动，所以应该学会不要让它在心理上影响你)，就是要尽可能少地浪费时间和动力。通常情况是，身后快速跟进的卡丁车都会找到超车的路线，你只需兼顾好周围的环境，继续保持正常的路线行驶。由超车的那辆卡丁车负责安全有效地超越。

如果有很多的竞争对手紧随其后，

下图：机智的车手在让出位置时会损失最少的时间。（Enver Meyer）

重要的是不要因为被最前面的对手超越而丢失太多的位置。当后面的卡丁车出击时,给它留下足够的空间让其靠近,但要保持距离,这也向更后面的车手表明了态度,你无心向其他车手开放空间。当即将超越的卡丁车通过后要立即关闭空间。他们会尝试自己移动而阻止你防守,不让你回到原本的线路上,除非他们都能顺利通过。但是,这并不能保证后面的对手不进攻,所以在试图回到原位时要注意观察。

路况处理

通常,冠军车手的特质差异就是他能够从拥挤的路况中脱身切出,且在这个过程中所损耗的时间可以忽略不计。对于普通人来说,在拥挤的路况中穿行可能是一件令人费解且代价高昂的事情,但也有方法尽量减少对你单圈时间成绩的影响。

注意

就其本质而言,滞后者可能缺乏经验,也可能无视身后的你,友好地轻击后保险杠提醒他们你的存在,也许他们中的大多数会挥手让你通过。

当心

如果蓝色旗帜出现,不要简单地认为你将超越的卡丁车看到了它,或者会尊重它。假如你重新尝试通过弯道内侧超车,确保前面的卡丁车在赛道上移动时,你可以安全地做这件事。

上图和下图:顶级车手在不浪费时间的情况下通过车流,这是一项至关重要的技能。(Enver Meyer)

右图：除非你习惯于处理赛道上的路况问题，否则你不太可能有规律地登上领奖台。（Enver Meyer）

果断

就像任何超车动作一样，新手很容易对自己的动作感到不安，因为他们很可能会设想出每一种可能出错的情况。因此，任何试探性或优柔寡断的超车尝试，反过来都会极大地增加事故发生的可能性。如果你要采取行动，假如你有信心并能够坚持下去，那么就必须按着自己的思路继续下去。当然，这是你自己逐步构建的一种体系，所以不要期望从一开始就觉得安稳。

策略

对于卡丁车而言，建立动力优势是一个问题。比如在早期专业的卡丁车比赛中，你必须尽量尝试以最少的速度损失超过滞后较慢的赛车。这可能意味着你要稍许克制一下，而不是在赛道的某个不适合超车的地方直接来到他们正后方被挡住，稍后在合适的时机出现时，又没有必需的速度优势来采取行动。

投机

如果你位于领先的竞争对手身后，你们又同时面对一个滞后的慢车，不要犹豫，他们可能会放慢速度而且很容易就能超越。同样重要的一点是，当竞争对手开始对慢车发起进攻时，你应尽量在同一时间跟上去，避免在竞争对手试图拉开距离的时候，你被慢车挡住。但要特别小心慢车在没有意识到你也试图超车的情况下"关门"，尽量紧贴竞争对手的保险杠可减少这种情况发生的可能性。

赛车礼仪

被套圈

不管你的俱乐部是否使用蓝旗系统向车手示意，领先者试图超越时，让他们通过是一种很普通的礼节(对于那些没有耐心、咄咄逼人的车手来说，这可能也会使你停下然后发现自己被逼出了赛道)。这并不意味着你应该立即靠边停车，但只要这样做是安全的，并且在理想的情况下不会浪费太多的时间，那么就在你想要被超车的那一侧，给他们一点空间。

初学者经常犯的一个错误就是反应得太迟了，通常在即将入弯时，或者是已经在直线上加速的时候，有种期望快车能

上图：你应该努力比赛，但也要公平。（Enver Meyer）

以更快的速度优势在直线加速赛上击败对手一般，这是不太可能的，除非这个车手已经在出弯时跑出了更快的速度。

不过，一个更好的解决方案是在直线上飞驰（这会严重地影响到车的动力及单圈时间），让领先者在赛道较慢部分超车，例如进入一个较急的弯道时。你通常可以在他们后面跟着，并从中学到东西而不需浪费太多时间。

信号

与其说是礼仪，不如说是常识。当黄旗举起时是用来警示身后的车手前方有问题，提醒他们应当小心。这个信号也同样适用卡丁车驶入维修站时，让其他车手知道你不再继续比赛，任其超越。同样，这也适用于你因为卡丁车机械故障或个人原因要离开比赛时。

承担责任

其他车手怎么看你的重要性在第七章中有所体现。显而易见，傲慢不是你想要的特质之一，如果是一个在比赛中犯错的人，那么在比赛结束后，和受害者沟通是既礼貌又重要的。解释犯错的原因并诚恳地道歉，能够防止在下一次赛事中发生不愉快的事情或遭到任何可能的报复。因为没有澄清这件事，使你处于不必要的风险中，就有可能在争夺赛事冠军方面付出高昂的代价。

裁判

当你在赛道内行驶时，花点时间去感谢裁判是很好的做法。毕竟，他们会保障你的安全，可以帮助你回到赛道上，没有他们的护航，你就不能比赛。

下图：卡丁车没有危险警告灯，请使用手势。（Darren Bourne）

右图：有些事故是不可避免的，但大多数事故是可以避免的。(Chris Walker)

意外事故

尽管卡丁车被认为是一项非接触式运动，不管如何安全地行驶，你一定会在赛事的某一时刻卷入到赛道上的事故，赛车运动的本质使之成为极有可能发生的事情，而不是模糊的概念。然而，值得注意的是，在卡丁车运动中，绝大多数事故往往是轻微地偏离赛道或在赛道上旋转，这些要么是自身造成的，要么是有诱因的，危险性很小。当然也会发生严重的事故，这就是为什么在比赛期间，必须使你的大脑处于"开机"状态并密切关注在赛道上的所有动作。有时亲密接触是不可避免的，但你应该积极尝试把这种情况控制在最低的限度。

避免

和大多数事故一样，赛车事故通常都是由于愚蠢驾驶造成的，可惜的是，这是一个令人遗憾的现实，无辜的车手们也经常被卷入其中，并为他人的判断力失误或一时的疯狂付出昂贵的代价。

大多数卡丁车运动事故通常可以概括为：为了一个不存在的空隙试图挤过一辆卡丁车、拒绝接受被超越的事实、抢占不再属于自己的弯道、在制动时失去控制、对周围环境的不了解或转向时没有意识到前面的领先者，当然还有其他的一些原因。这些涵盖了大部分的情况，尽管避免这些不是很现实，但在许多情况下还是可以远离麻烦的。

如果你正在超车，只要能安全通过，那就好好判断，努力寻找空隙，不要让其他车手撞到你。最后一刻的冲刺是令人非常兴奋的，但如果这是个过于冒险的举措，你最好还是坚守现在的位置，尽量缩小差距并再次尝试寻找新的机会。

不要与失败的原因做抗争，如果一辆卡丁车已经肩并肩逼过来，且将驶入弯道，请别把它们挤出赛道。如果你能辨别这场争斗何时结束，无论如何要在外侧紧贴着他们，接受发生的事实。要从中吸取教训，集中精力在弯道里提高你的速度，以防对手把事情弄得一团糟。让自己重新回到原来的位置，或者收缩在他们身后，选择新的突破超越他们，而不是两者都偏离赛道。

假如你前面的卡丁车发生碰撞或打滑，应立即全面审视赛道寻找空隙。这是特别值得做的预判，因为会给你更多的反应时间。如果卡丁车还没有停止移动，那么瞄准它们中的一个实际上是个很好的选择，因为当你到达那里时它不太可能仍在相同的位置，如果你只向空隙行驶，同时前面卡丁车还在打滑，你就可能直接撞上它。还要记住，失去控制的卡丁车通常会转向弯道的外侧，所以走内侧会对你有好处。无论你做什么，都不要长时间地把目光滞留在旋转的卡丁车上，正如前面提到的，人类有种思维惯性，如果你专注于失控的卡丁车，你会发现自己正朝着它的方向前进，甚至出于同情而避让最终导致自己的卡丁车也打滑。

减少惩罚

如果你确实打滑离开了赛道，就不要坐在那里自己疯狂地打手势，或对引起事故的竞争对手指手画脚（他们可能还在赛道上比赛）。要尽快地脱离卡丁车，这样比较安全，把它摆正方向推着离开（千万不要把事故卡丁车扔到赛道上！应该把它推到安全地方，这样就不会再次损坏它）。由于暂停比赛，你失去了至关重要的时间，几乎不可能在赛道上重新跑起来。它已经过去了，现在也无能为力了。一旦再次行动，就让这件事从你的脑海中清除掉。把注意力集中在稍后的赛事中以及应对可能发生的新情况而改变策略。

有时，在事故发生后，你会认为所有的希望都破灭了，但这种心态不会让你走得很远。在打滑或偏离赛道之后，完全有可能得到一个非常可观的结果。记住，其他竞争对手也可能遭遇类似的命运，甚至是机械故障。关键是不知道未来会发生什么，因此你可以尽最大的努力，直到方格旗的出现，看看到底会发生什么。

影响

一场没有严重伤害的大事故仍然会对车手产生重大影响。重要的是，不要因为真正的创伤经历而产生非理性的恐惧，所有的事故都有一个合理的原因，花时间去分析背后的原因显然会教会你在将来避免类似事故的发生，它也会让你克服因任何可能遭受的恐惧。最好的车手总是能从错误中吸取教训，但他们也不会纠结于错误。

随着你变得更好并且经常获得成功，事故后恢复镇静也变得容易，这不仅因为你学会了避免或者至少完全理解导致早期职业生涯崩溃的许多情况，还因为对胜利的渴望克服了意外事故对车手造成的影响。最终，你必须接受这是一项冒险的运动，不要让它妨碍到自己在未来的表现。

左图：如果你的卡丁车经历熄火后仍然打着并继续驾驶，请立刻将其重新放回到赛道上。(Enver Meyer)

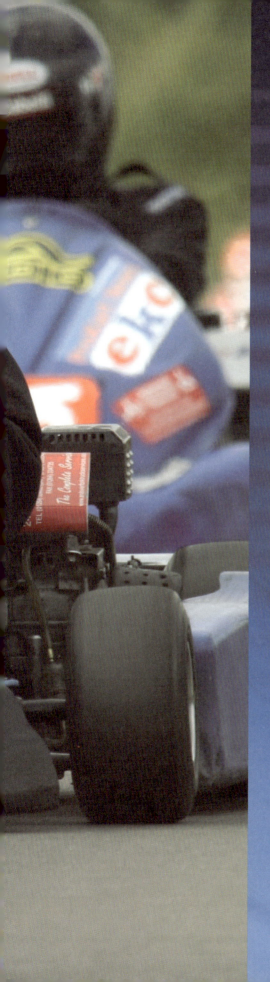

第七章　心理准备

介绍	**96**
身体素质	**96**
饮食	**97**
日常	**98**
专注	**99**
辅助设备	**100**
心理战	**102**

介绍

　　一名冠军车手在比赛的每一圈都能够保持正确的极限行驶，同时保持卡丁车性能不变。当然，他们可能有着非凡的天赋，但他们仍然是人。毫无疑问，他们与众不同的地方是作为一名车手的完整性——高超的赛车技巧、卓越的奉献精神、良好的身体状况和精心磨炼的心理素质。了解这些有助于帮助你释放作为赛车手的全部潜力，这是成功的关键。

身体素质

　　一般的旁观者会认为卡丁车手只是坐在那里踩一踩踏板，转一转转向盘来让卡丁车完成所有的工作这么简单。其实卡丁车是一项十分需要体力的运动，因此如果没有针对这项运动的需求做好身体素质准备，就不要期望自己能够获胜。

　　健身的好处和对个人各方面的影响都是有据可查的。你的能力表现，不仅仅是耐力方面，而且在心理上也直接受到身体状态的影响。一个拥有健康体魄的卡丁车车手在比赛中不会感到疲倦，能保持较高的注意力，减少失误并保持竞争优势，直到最终的方格旗出现前，都能保持高度的自信。

　　健康的身体可以帮助车手更好地应对比赛中遇到的加速度g值，有助于缓解精神疲劳，增加反应时间，增强身体的耐力和提高耐热性。最后一点似乎更符合F1车手的特质，因为他们的驾驶舱就如同一个烤箱。在异国他乡炽热的阳光下，穿着好几层的防火材料赛车服，不管他们比赛规则如何，高温是车手的头号敌人。在卡丁车运动中，这些元素都是开放的，但即使在温和的阴天驾驶卡丁车也会消耗大量的体力。当穿着全套赛车装备时，会让大多数人感到非常炎热和烦恼。如果你不适合处理这个问题，你的能力表现也会大受影响——哪怕是水合作用下降2%，也会对身体产生显著影响。

　　然而你会发现，即便在俱乐部车手中，也只有少数的人能在适当的环境下，投入足够的时间和精力来改善他们的身体状况。因此，这是一个在竞争中获得相当大优势的机会。

　　理想的训练有助于提升车手上半身的力量和耐力，这是卡丁车运动最适用的两个方面。一般来说，车手的健康是耐力、精神、力量、柔韧性和反应速度的组合。任何锻炼计划都应专注于解决这些错综复杂的问题，同时也要建立核心力量——它不仅仅是体质和肌肉的问题。确保全面计划的最简单方法是参加其他体育运动，如游泳、越野跑步、登山攀岩、划船、骑自行车、球拍运动和体操，这些都是积极促进车手全面健身的活动，而且这些训练比在健身房花上几个小时更有趣。

重要的是要有目的、有计划，遵循健身专家的建议，学会正确的方法。每周训练3~5次，然后休息1天。请记住，过度的训练还可能有害（或危险的）。除了健康之外，还有些额外的好处，定期锻炼和健康均衡的饮食相结合，能帮助控制体重。通过减轻重量，你能在任何形式的赛车比赛中获得最简单的性能提升，确保卡丁车不会超重，令推重比最大化。

最终，量身定做的健身计划和持之以恒的毅力对于一名车手的改观至关重要。你需要做的最后一件事是担心自己是否已经适合参加比赛——它会把注意力从你应该关注的事情上转移开（当然，如果没有事先咨询医生，不要采取任何形式的锻炼计划）。

拉伸运动

在运动之前，身体的舒展是至关重要的，这是为了让身体——无论是生理上的还是心理上的——为即将到来的身体压力做好准备。因为高体力的需求，卡丁车运动也不例外。不要因为没有健身房就省略了必要的运动前奏。因此，你应该把伸展运动纳入你的日常比赛中，以确保不会对身体造成任何伤害(这对于那些计划进行长期耐力训练的人来说尤为重要)。此外还有额外的好处，它可以被整合为另一种触发心理反应的方式，让你把注意力越来越集中在比赛这条主线上。

饮食

为了保持健康的身体，日常饮食应该是均衡的。但也有一些方法可以使你的饮食结构更符合赛车手的需求，例如，确保糖原的积累（肌肉在运动时会使用）。在运动开始前的几天里，可从富含碳水化合物的食物中获取。一个受过训练的营养师可以帮助车手解决这个问题，也有很多关于这个问题的建议和指导的书籍。下面我们简单地看一下你在比赛日需要的食物类型。

正确的食物和饮料

保持能量和体液浓度水平是至关重要的，这需要正确地摄入食物，以确保一整天都保持适当的水分。理想的食物能够提供所需的能量水平而不会使你脱水，这包括香蕉、早餐麦片、能量棒、三明治加蜂蜜或花生酱之类的食物等——都可以带到赛场上。

在理想的情况下，带一些更丰盛、富含或能缓慢释放碳水化合物的食物(烤豆子、全麦意大利面或面包、粥)，依靠从赛场设施获取食物不是最好的想法——至少在英国，因为通常可获得的营养类型似乎只能从含有脂肪或甜味的食物中来选择，如果想最大限度地提高你的表现，要对这两种类型的食物保持在最低摄入限度。

坚持熟悉的食物也很重要。比赛日不是尝试新烹饪乐趣的时候。你需要坚持摄取对你有益处的饮食。

至于饮品，市售的运动型饮料基本都提供良好的液体吸收率，同时可以以碳水化合物的形式补充一些能量，是水的良好替代品。当然自己也能很容易地制作运动型饮料：

- 1升果汁（或200毫升浓缩糖浆）。
- 1升水。
- 1克（少量）盐。

在需要快速补充水分的情况下，应该选择那些能被身体更快吸收的运动型饮料。同样，这些东西可以很容易买到并在家里做出来，然后随身携带到赛场中：

- 250毫升纯果汁（或100毫升浓缩糖浆）。
- 1升水。
- 1克（少量）盐。

摄入食物和饮料的时间

在比赛前24~36h开始你的补水过程，少喝多饮，在整个比赛过程中保持这种习惯(随身携带一瓶水，这很快就会成为你的第二天性)。记住，要在水和运动型饮料之间交替（水最终会把你体内的矿物质冲走），并且在炎热的天气里应该更频繁地饮用。

过1.5h，即使出汗最多的车手也会察觉到，赛前饮入大量的液体由于身体自然的反应，可能会分散你专注于走线时的注意力。

日常

除了处理重要日程的必要事务，如签到、车检和车手简报外，不应该低估进入例行比赛日程的重要性（但很多初学者都忘记），这实际应该从前一天的晚上就要开始着手准备了。

有条不紊

最糟糕的事情就是赛前迟到，匆忙的注册和车检，并且在开始练习前仍然在调校你的卡丁车。当进入赛道时大脑思维状态会完全混乱，不能正确地专注于未来的任务。更重要的是，你可能一整天都忙着在追赶，永远无法从忙碌的开始中恢复过来。

缺乏组织性会破坏比赛当日的活动，完全毁掉你成功的机会。提前一天做好一切准备至关重要，调校好卡丁车（除了轮胎压力之类的小调整），打包好所有的比赛装备，等着放进车里。

睡眠

良好的睡眠至关重要。如果这是你的第一场比赛或决胜局，那么紧张是很自然的，应试着放松一下，让紧绷的神经平静下来。重要的是要保证8~10h的良好睡眠。鉴于大多数赛事开赛时间早，这通常意味着你要提前到达，根据前往赛场距离的远近，考虑就近在当地找一个落脚处，如果可能的话，在赛场里睡眠也是个不错的选择，前提是有合适的露营设施。

早醒

重要的是逐渐让自己醒来，使大脑有时间通过正常的过程来达到完全觉醒的状态。不要闹钟一响就从床上跳下来，它会影响到你全天的驾驶卡丁车的能

上图：在比赛前，你应该尽可能地放松，并且能够专注于未来的任务。（Enver Meyer）

在比赛开始前不要摄取食物。你的胃会增加血液来消化这些食物，这也是肌肉在被用来做身体活动时所需要的——比如让卡丁车在自己操控之下。在你进入卡丁车之前狼吞虎咽可能导致严重消化不良。在出现这种状况前，你就会感受到其他副作用——胃里塞满食物在赛道上不会是一件愉快的事情。在赛前2~3h吃一顿好的碳水化合物食物，可以让你有足够的时间消化，然后一整天用零食来补充进食（记得要认真咀嚼食物以便把它分解，否则你的身体就得消耗大量的能量才能做到这一点）。

在冲刺赛之前喝太多的液体也会让你感到恶心，特别是在耐力比赛中要重点注意。随着时间的推移，行驶时间超

上图：试着别让自己受到起跑线骚动的影响。（Darren Bourne）

力。合理安排你的日程作息时间，醒后不要急于起床，先静躺大约20min，然后开始你的日常生活。别急，做事要有条不紊。

漫步赛道

如第三章所述，赛道行走是你制定比赛路线的重要组成部分。即使很熟悉赛道，它也是比赛日程工作的主要环节，因为它可以更直观地观察赛道并专注于手头的任务。把赛前的一切事务都准备好，让自己进入良好的精神状态，随时迎接前方的挑战，这只是整个计划的一部分。

放松

不管他们是否承认，所有车手在比赛前都会感到不同程度的紧张，这是很自然的。因为每个人都是不同的，没有固定的模式可循——只有反复实践才知道什么是最有效的。如果所有的方法都失败了，最后有一个简单实效的小技巧可以去试试，让身体处于虚拟状态，尽可能地握紧双拳和收紧身体的上部分，然后试着轻轻松开，反复几次，你就会感觉到身体的紧张感随着每一个周期而减弱。当比赛准备开始时，你应该处于了放松状态。

专注

一些最优秀的赛车手经常谈论他们的临场精神状态，在这种状态下，他们感觉自己完全与赛车、赛道融为一体，而其他一切都不复存在。从根本上说，这就是你要努力达到的驾驶水平。

用另一种说法解释，即全身心地专注于手头的任务，集中精力需要练习，但

左图：集中注意力，并且能够迅速、持续地达到这个状态，这是最基本的。（Enver Meyer）

右图：关注你无法改变的事情是没有意义的——在赛道上，专注于你仍然可以影响的事情。（Greg Richardson）

这对于让你专注于比赛的需求而不受比赛环境的干扰是至关重要的。

在实际比赛中保持注意力也是需要练习的。例如，别去想以前三个弯道的错误，把注意力集中在前面的目标，而不是后面的目标。同样，不要生气或被别人的行为所影响。这都是毫无意义的，一旦你陷入情绪中，就会失去对形势的控制，把精力集中在达到一个新的驾驶水平上，不要担心别人在做什么。

最后，不要担心圈速或结果。你的注意力始终应该集中在所能达到的最好的表现上，并由此产生相应的最好圈速和结果。

辅助设备

在提高赛车驾驶水平和技巧方面没有什么比得过赛道时间。很明显，时间和

右图：专注于你的整体成绩而不是单圈时间——在驶入弯道时过早地制动，即使提前50cm，也等同于在10圈内损失了5m。（Greg Richardson）

金钱等因素会限制你对卡丁车的使用，这意味着虽然你有学习和提高的愿望，但并不能以最佳方式来配合。好在还有其他选择，你可以在下面找到。

运动想象

运动想象及画面想象是一种被运动心理学家所青睐的技术，在运动的各个阶段都被竞争者广泛采用，你经常会在比赛前看到车手参与其中。他们在车里、维修区或是在起跑线上通过视觉化模拟自己赛道行驶状况，触发大脑想象真实场景，让情绪反应和你在赛道上的经历类似，你会"听到"发动机的声音，"感觉到"转弯的力量，体会到一个非常接近现实的圈速。

这需要练习，当你处在繁忙的环境中等待比赛开始时，如果你不知道如何让你的思维进入正确的状态，你将无法切换到这种模式。在家中进行常规练习，最好尽可能接近重现比赛环境(穿上你的比赛装备，手持备用转向盘，坐在备用的座椅上，如果方便的话坐在卡丁车里)。随着时间的推移，你的技术将会提高，运动想象能力将变得更加开阔。

运动想象的好处是它能创建一种有效的思维模式，一旦你步入赛道，大脑就会自然地切换到这种模式。换句话说，就是让你的潜意识来完成驾驶、制动和入弯、切弯，精准把握每个弯道的出入点，最大化你的出弯速度，甚至可以把运动想象的体验直接传递到现实的场景中（同时也可以戒掉一些坏习惯）。显然，你可以有几套"程序"预案（比如潮湿的天气驾驶），当赛道上的条件发生变化时，你可以利用这些预案。

需要注意，运动想象和做白日梦是不一样的，想象自己通过最后一个弯道冲刺而夺得冠军并不会让你的驾驶能力得到真正的帮助。运动想象是一项非常有用的技术，专注于提高赛车手的驾驶技能，但这需要一个系统性的方法和耐心。同样它的回报也是无价的。

电子游戏

用电子游戏来模拟会更有趣，可以作为可视化模式的补充，但不能替代。最近，经常听到一些新的场地赛车手，甚至是F1车手在比赛前用电子游戏辅助"学习"，熟悉赛道，这就是他们能在比赛中

左图：好的运动想象技术需要大量的实践，它的效果被广泛报道。

突显准确性的原因。

遗憾的是，当其他种类的赛车被优秀的视频游戏所吸引时，卡丁车的模拟游戏却被诠释得很糟糕。但这并不能说明一无是处，比如用F1游戏作为替代选择。最重要的是尽可能地调整出令人信服的设置，这意味着需要投资一个高质量的力反馈转向盘。在理想的情况下，还要与"驾驶模拟器"风格的座椅相匹配。这样的座椅越来越多，但很多不能提供合适的驾驶位置，所以要选择尽可能贴近卡丁车座椅的设计，以提供逼真的驾驶感。

尽管如此，无论驾驶体验多么令人信服，从虚拟到现实还是有很长的路要走。使用视频游戏来帮助你做好心理准备的好处并不在于试图复制圈速时间、磨炼你的卡丁车控制技能(虽然高端模拟器可以帮助你更流畅地驾驶)，而是为了改善其他重要的方面，例如，在虚拟的赛车（不管是属于哪个类别）中可以帮助你识别超越的可能性，也可以让你思考正确的赛道布局。

如果调整游戏难度以提供更严格的模拟体验，那么好的视频游戏会迫使你去努力追赶竞争对手，更别说保持领先了。把它和现实生活中的耐力赛结合起来，在如此长的时间内注意力高度地集中，这对那些喜欢卡丁车耐力比赛的人来说是个很好的调节。

即使在一个没有竞争对手的虚拟赛道上，现今的视频游戏也能做到细节清晰，拥有先进的操控物理算法。通过驾驶模拟游戏中的赛车，你可以练习应用于真实赛道上的所有元素，如寻找制动点、过弯点，尝试用循迹制动进行减速，调整外倾角、后倾角及前束角后带来的影响，甚至是在超车前寻找过弯线路的习惯。

当然，没有任何迹象表明游戏可以代替实际的练习，但它可以帮助我们强化在赛道上取得成功所需的良好心态。

无线电遥控模型

另一个同样有趣的活动是无线电遥控(Radio Control，简称RC)模型比赛。传奇的F1车手埃尔顿·塞纳，他对收集的RC飞机充满热情。据报道，他的飞行操控技术也非常出色。熟练控制RC模型所必需的手眼协调对于专业赛车手来说非常重要，因为这些技能可以直接用于驾驶。此外，它的高度集中力，也适用于竞技状态。

RC模型赛车比赛可以在英国各地的地方俱乐部参与，额外的好处还能与卡丁车赛对接，RC赛车需要正确的设定以便具备竞争力。轮胎选择、外倾角、前束和大量其他调整都可以进行，其效果显而易见，这有助于你在赛道上的应变能力。

心理战

如果你在电视上看过整个赛季的比赛，就会注意到车手们通常运用心理战术，试图在比赛中获得优势。一般情况下，通过媒体的介入，采访中的特定评论唯一作用是为了让竞争对手在心理上感到焦灼不安，不过这些都是因人而异，主要是每个人的心理素质不一样。

显然，小型卡丁车运动并没有达到与高级赛车运动类别相同的水平，但这并不是说在比赛中心理优势无关紧要。事实上，这在卡丁车比赛中尤为关键，因为大多数车手还没有相应的防御机制来应对这一问题。

所以，这里计划给你提供一些心理上的战术手段，武装自己防御竞争对手可能实施的心理战术。虽然卡丁车运动几乎在每个层面都保持着良好的竞争态势，但它仍然是竞争。竞争必然会在人们的日常生活中产生不利的一面。

不要相信炒作

想想看，赛后的聊天谈话就能轻松击垮对手，讲述他们受到机械故障的拖

左图：就像其他赛车运动一样，心理学在实现卡丁车运动成功方面发挥着重要作用。（Enver Meyer）

累，从而暗示自己的最终速度应该更快。卡丁车或许存在问题，但也有可能夸大了问题，甚至无端捏造问题，目的是向大家炫耀自己的驾驶能力。一个心理素质差的车手可能会受到这种启示的影响，认为在随后的比赛中被对手超越自己无法重新获得新的占位，缺乏必要的速度与之匹敌。实际上对于"慢者"的暗示来说，两者其实势均力敌。

就像生活中的其他领域一样，车手们试图在赛道上建立一种"等级秩序"，有部分原因是他们在赛道外的活动。因此，要对车手在赛前、赛后、社交媒体上所发表的言论保持客观的看法，这很重要。你要知道，唯一能准确评估的只有那些与你卡丁车及其能力有关的信息。这并不是说不应该尊重你的竞争对手，尤其是在这个层面上，肯定会有人比你更快。关键是，不要受你听到的言论影响。具体而言，有人可能希望你能对自己的技术有信心，但同时你也要从实际出发看待自己的能力发展。

现实

并不是所有的事情都像卡丁车加速那样直线上升。例如，驾驶能力的提升在图表上不一定表示为一个持续的渐进线，相反，它更有可能在几个点上停滞不前，甚至下降。尽管总体进展很快，但太多初学者在获得一些技能后，感觉进展速度似乎停滞不前，在追赶较快的对手时力不从心，心情沮丧，无法与领先者的实力相匹敌。

要记住这样一个事实，那就是你可能会遇到一个永远无法与之匹敌的对手。但这并不意味着不能击败他们，你应该振作起来。即使是在法拉利占据主导地位的年代，迈克尔·舒马赫也从来没经历过在比赛时，除了他外，F1赛场的其他人因为觉得根本没必要尝试都待在家里休息。保持审视目前自己水平的习惯——问问自己，如果拥有同样的经验和装备，你成功的机会可能不同吗？这绝不是让自己屈服于被动，或试图为相对缺乏节奏或技能辩护。这只是对局势的一种现实、客观的看法。自我信任会对车手的表现产生巨大的影响，是车手之间互信的重要组成部分。同样重要的是，不要陷入过度自信的陷阱，因为过度自信和缺乏自信一样具有破坏性。

作为初学者，你将会和经验丰富、技术高超的车手们进行较量。不要为此感到沮丧,勇于面对现实,就像其他运动一样,面对优秀的对手势必会加快你的进步速度。要想继续发展,唯一的办法就是不断地寻找挑战的先机,与技能相当的对手挑战通常各自的能力都能提升到一个新的水平。

留在居住的本地发展,虽然可以击败所有的参赛者,但不可能获得长期的必要赞助,你的技能也不会得到提高。

所以,要勇于自我挑战,但是对自己的期望也要保持客观现实。理智地看待这个问题,即使一个有3年常规比赛经验的人,依然会被一些卡丁车学校认为是新手。迎接新的挑战需要真正的努力和专注,以你目前的标准来看这并非不可能,通过扩展增强信心,未来表现会有极大的改善。

休息片刻

要想成为一名优秀的卡丁车手,你需要学习很多技巧,需要多年的时间才能掌握。刚开始,你可能会为消化吸收新的

下图:要想走在队列的前面需要时间和勤勉。(Greg Richardson)

信息绞尽脑汁,当你尝试新事物时,很容易发现,根本没有改善,甚至可能会变得更糟。休息一下,关闭发动机,让你的大脑暂时平静下来。当重新回到卡丁车时,事情通常会发生质的飞跃,新的技能被消化,整体实力的发展也会持续下去。

动机

当自己在赛道上追逐对手时很容易被激励,然而有些时候,特别是在耐力比赛中,你可能会在赛道上"孤独"很长一段时间,只有数据记录器和你的团队经理在无线电中让你继续保持前行。在这一时刻学习如何激励自己对于保持一致、快速无误地刷圈是至关重要的。这对你练习技巧,集中注意力也是有帮助的。

如果没有竞争对手,就给自己设定一个目标,在一定的圈数内,或在赛道的某个特定点逐一超越对手,这些只是让你的表现水平上升的小技巧。然而追逐单圈时间并不完全相同,本身也是不明智的,因为对很多人来说,这可能有违直觉。在

特定的时间内，你的压力会分散你的注意力，使你无法竭尽全力地完成任务，专注于每一个细小的缺陷都会耗费你千分之一秒的时间。

运气

运气在赛事中所扮演着重要的角色。有时很幸运，有时很糟糕，你必须把它们作为预案的一部分，当无法控制的不幸事情发生时，要注重现实。既然无法改变，就不要耿耿于怀——接受它并继续前进。

积极性

人们常说，消极和失败主义的观点会严重阻碍车手的表现。例如，当初学者发现自己落后于对手时，已经产生了无法超越的畏惧感，或者如果他们偏离了赛道，相信永远也不会掌握必要的赛道技巧。

好的职业经理人会用激励人心的话来鼓舞团队的士气。这是一种简单但非常有效的战术，即使自我管理，也能发挥作用。在赛道上给自己鼓劲，可以消除消极的想法，让你集中注意力，从而重新回到竞争中去。

展望

向前看，永远不要回头。回头看赛道上的对手落后多远，没有什么方式会比这个更分散你的注意力或刺激你的竞争对手。即使不是这种情况，你也能完全控制自己的处境，他们的身影也必然会让你担心他们的存在，追上并最终超越你只是时间问题。当接近你的时候，他们通常会表现自己，这无疑会影响到你的发挥。

上图：不要回头看，应专注于前方的道路。（Darren Bourne）

对页图：运气在比赛中起着至关重要的作用。（Enver Meyer）

左图：如果真的必须要看后面，在赛道上找个能令后面的人察觉不到你回头的点。（Enver Meyer）

上图：有色目镜是必需的。（Greg Richardson）

右上图：透明目镜泄露太多信息，适合低光或夜间比赛使用。（Greg Richardson）

凭经验，你会听到甚至感觉到紧随其后的卡丁车，在这之前，可以使用一些小技巧，比如，在下午或冬天比赛时利用阴影观察实况。另一种方法是注意对手车队经理人的注视方向，当他拿起提醒车手的提示板时，表明后方有卡丁车跟进。如果必须关注接近你的竞争对手，那么赛道的设计（如发卡弯）往往会给你提供这样的机会，在不需要付出任何努力的情况下窥视你身后的对手。或者，在自己的提示板上寻找这些信息，也可以通过无线电通信系统了解这些。要记住关键的一点，不要浪费精力去思考背后发生的事情。把注意力集中在你能控制的事情上，只在绝对需要的时候关注你的防守线。在这之前，先着重考虑眼前的近况，确保你的操控干净利索、准确无误。

消除误会

某些时候，车手们可能会在赛道上面临一些争执，比如在觉得对手切断了自己已经占据的入弯路线，或者被极度投入的对手粗暴地挤出赛道。这些场景的发生就像你从过错一方听到的借口一样，所以在比赛结束后要及时地处理这些事情。当然，这不意味着马上就去惩罚过错方，而是用礼貌的言语和严厉的措辞去沟通——这足以阻止过错方在同一情况下发生类似的错误。

本书的前半部分讨论了驾驶礼仪，虽然你能体谅其他竞争对手，但关键时刻必须坚持自己的立场（包括以最恰当的方式处理某个车手赛道上的过激行为）。如前所述，比赛的一部分发生在你坐上卡丁车之前，其他车手如何看待你的表现会影响他们在赛道上对你的反应，所以不要让对手无视你，应坚信自己可以成为一名真正的竞争者。

头盔目镜

购买头盔时，附带一个有色目镜。透明目镜适合黄昏和夜间驾驶，但在其他时候，透过目镜可以清晰地看到他们当前的面部表情，你会惊讶地发现从眼神里很容易捕捉到他们的心理状态，尤其是新赛车手。有色目镜不仅会让竞争对手无法对你的"赛道状况"做出评估，还会给你带来心理上的安慰，增强你的自信心，这也是为什么许多名人戴墨镜的原因(有色目镜还有其他优点，比如在运动想象练习时不会让你感到难为情)。

外表

通常，新车手会被那些赛车服上绣

满赞助商标志的竞争对手所吓着,认为他们拥有高超的驾驶经验和技巧。当然,有时这可能是真的,除非在赛道上遇到他们,否则你无法确定。品牌标志贴花很容易购买和缝制到赛车服上,因此不要简单从外表上判断一名车手的能力(无论好与坏)。

这与竞争对手的装备类似。一辆崭新闪亮的卡丁车,上面有最新和最好的零件,这并不能代表车手的技术水平,它可能只是一名多金的新秀,你应该在赛道上而不是在赛场评判你的竞争对手。

驾驶培训

车手之间经常有这样一种看法,赛车能力要么是与生俱来的,要么是通过赛程时间的历练获得,显然练习是非常有帮助的,但错误的练习,你能期望达到什么程度呢?当达到你的极限时会如何发展呢?

答案就是参加驾驶培训,如果由此影响到你的自尊心,不要理会它——即使是百米奥运会短跑运动员也有教练,他们日常所做的就是在教练的指导下跑步,大多数人早期就是这么发展自己的能力。显然,没有人生来就会驾驶卡丁车。

卡丁车培训课程旨在提高你的驾驶技术,改掉坏习惯,通过分析你的长处和短处来减少单圈时间,当然,与本章特别相关的是这种方法的心理益处,车手的发展与驾驶技能一样重要,教练将努力加强诸如信心、注意力和动力等领域训练。虽然这不是最廉价的解决方案,但它可以让你快速达到一个很高的竞争水平,如果单纯依靠自己的训练设备,则可能永远都达不到。

下图:不要被外表所蒙蔽,要在赛道上判断车手的表现。(Enver Meyer)

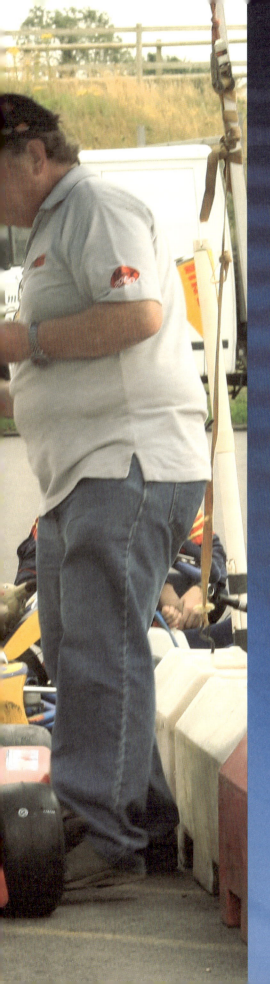

第八章　战略

介绍	**112**
测试	**113**
练习	**114**
排位赛	**115**
比赛开始	**116**
赛事	**121**
进站策略	**123**

介绍

如果没有好的战略,你不太可能赢得比赛。比赛本身显然是所有关注的焦点,但实际上只是保证赛车成功所必需的事情中的最后一个环节。在比赛之前,测试、练习和排位赛各个环节都需要做很多工作,每场比赛都得有自己的方法。

然而,战略要术适用于所有人。举例来说,养成将各个环节所需装备列成清单的习惯就是个好方法。这么做可以确保不会忘记携带各种东西。虽然我们谈论的主题是清单,但是有着记录良好的文档是一个卡丁车队成功的关键因素。

无论每个环节表现如何,都要记录下来每次设置的变更情况,尝试过的驾驶线路、温度、轮胎压力、时间和操控说明。一旦你开始从各种测试或比赛会议中复习你的笔记,你会惊讶地发现,可以学习到很多关于卡丁车的性质和特点,制定调校参数的过程变得更直接和直观。

你还应该养成检查天气预报的习惯,这对于耐力赛事尤为重要。通过查看网站提供出色的报告,包括卫星图像,以便可以尽可能准确地评估当下情况,并相应地规划出自己的策略。

测试

许多赛道都会提供整整一周的测试时间。如果有可能的话，目标就是多跑赛道，做到从容冷静，确保你在赛道中能更好地适应环境，特别是当你刚刚开始时。

持续性

你必须持续地驾驶，测试是获得经验和宝贵赛道时间的主要方法。除非你知道可以依靠自己的驾驶来准确判断，增加外倾角就能让下一圈更快，或者是能在发卡弯前2m处准确制动。最初，专注于驾驶并密切注意赛道上的表现，以确保练习不会向错误的方向或不良习惯发展。一旦开始持续性地练习，那么就该开始尝试新的走线和不同的调校。同样，为了能够持续地测试一种调校，需要更亲密地去了解赛道，不过这不影响在还不熟悉的赛道上进行测试。如果没有其他问题，这将会是一个绝好的机会，让你能够去熟悉每个让你觉得困难的弯道，该如何快速地通过。

不要过头

正确地运用测试。在测试过程中，常常会在赛道上遇到竞争对手。测试不是比赛，所以不要被其他卡丁车所影响，往往被影响后的结果不是某人冲出赛道，就是损坏自己的装备。如果目前已经接近比赛日，并且没有过多的备用零件，那可真不是什么理想情况。

同样，要知道何时停止。假如你正在赛道上，很明显这是最佳时机。如果刚好是在比赛前的测试，那么一旦你发现这是最终的走线节奏，就要好好记下来并整理好。没有必要对自己的车和装备过分试压，不要在发动机上花费不必要的里程，追赶那千分之一秒。

测试时的正确装备

尽可能接近比赛条件去测试显然非常重要。这意味着你所使用的任何设备，如通信设备、配重、颈托等都应该被用来模拟真实的比赛情况。这也延伸到了轮胎上，用旧轮胎来进行测试并没有什么建设

对页图：在比赛中持续夺冠需要专业的卡丁车驾驶方法技巧。（Enver Meyer）

下图：好的测试关键在于持续性和系统性。（Darren Bourne）

性结果。你可能会发现一旦换上新轮胎会有明显变化，因为它们带来的操控特性完全不同。

条理性

在变更调校参数时，每次只更改一项，这一点非常重要。否则你不确定到底是改变哪个参数令卡丁车变得更快或更慢。做出一个调整，进入赛道做出单圈时间，回到维修区。记录这个设置参数、单圈时间、赛道条件、天气、温度（气温、路面温度和轮胎温度）、轮胎压力等。最后，由于缺乏组织性，所以很多团队在测试时其实浪费了很多时间。有一个你想尝试的调校计划或你希望在测试环节实现的目标，这将有助于你更专注手上的工作。

练习

在很多系列赛中，练习都是在比赛日进行的，时间非常宝贵。你的卡丁车应该完全准备好，并在到达赛道后立即开上赛道。

比赛节奏

练习与测试的不同之处在于，赛道上的节奏应该与比赛的强度相匹配。原因是因为它可以帮助你进入正确的思维模式，但同时也因为你需要为排位赛设置卡丁车。部分原因是因为这样可以帮助你快速进入比赛状态，还有一部分原因是你要为排位赛做调校准备。关于后者，你应该在接近排位赛的环境下练习，当要做出最快圈速时要发挥自己的所有实力。了解轮胎的极限非常重要，例如，特别是一些系列赛，排位环节的时间非常短且还会限制参赛资格，需要你从离开维修区的那一刻起就要进入自己的节奏。如果你从来没有在排位赛准备阶段练习过你的装备限制性，那么你将无法想象排位赛期间会有多难。还有一点很重要，那就是要知道你现在的调校和轮胎，最晚可以在什么地方制动，这是在比赛中试图超越对手的关键点。

简明扼要

鉴于典型的短赛程，不要长时间待在赛道上。一旦你制定的卡丁车特性需要调整，回到维修区，调整，然后再出去。

了解赛道

例如，一旦对自己的调校感到满意并且还有多余的时间，就可以尝试其他不同的走线来查找超车时的抓地力水平。如果你还没有冒险参加过比赛，那么首次参赛为了超越对手，可能会有一些

右图：应该系统地调校车辆，以正确判断其效果。不要流连忘返，你正在失去测试和练习的时间，但也不要操之过急。（Chris Walker）

意想不到的潜在危险等后果。只要有可能，快速地将自己投入到熟悉的领域是最好的。

向别人学习

最后，不要把所有的练习时间都花在专注于你的团队和卡丁车上。密切关注其他人正在做的事情。如果你在一个友好而不是竞争过于激烈的比赛环境下，可以尝试去和对手沟通，聊聊他们的卡丁车底盘调校、胎压等。这不是F1，所以不要期待同样的保密性。大多数经验丰富的卡丁车手通常乐于帮助初学者，大多数比赛都具有友好的俱乐部精神。

排位赛

在任何类别的赛车运动中，比赛开始的时刻都很重要，当然这也包括了卡丁车比赛，这是确保成功的潜在基础。在冲刺赛中（冲刺赛是在跑相同圈数的情况下同时发车，第一个跑完的获胜，译者注），这确实是事实。你很有可能在想超越对手的时候失误，既然如此，为什么不选择在一开始就通过排位赛将他们抛在身后？在耐力赛中，这个问题就不太重要了。因为通常有足够的时间让车手获胜，例如你可以通过精心策划的进站策略来弥补宝贵的时间。

布局策略

了解排位赛的布局非常重要，由此才能相应地调校自己的卡丁车和策略。无论是1圈、5圈还是15min，全都是不一样的。0.1s都对自己的整体位置有着影响，想想那些除了给你带来性能优势的调校以外的因素（在练习阶段已经完成）。举例来说，考虑一下你的燃油量，因为你只需要刚刚高于最低规定量即可，这样就不会因搭载了多余的燃料而额外负重，导致在赛道上失去宝贵的时间。

如果这是一次短暂的排位赛，你将没有时间让轮胎达到温度，所以你需要考虑增加压力加快升温过程，以模拟比赛时的温度压力。你可以通过在练习中模拟一两圈，计算出需要多少额外的压力、检查从赛道出来时的压力，以及在理想压力状态下能跑几圈。切记要清理轮胎，新的橡胶会收集赛道上的各种垃圾，走线多的地方相对干净，维修区可能不会。

如果排位赛允许多辆车同时上赛道，请确保能找到自己的空间，通过加快或减速以建立空白时段来获得相对干净的赛道。你要做的最后一件事就是，当你在卡丁车上后，一定要在规定时间结束前，跑出自己的最快单圈时间。

时机

如果你会做选择，那么你已有出发的时机。从练习赛开始，赛道应该已经相当干净了，如果让一些竞争对手先出去跑可以确保一点额外的抓地力，因为当他们跑的时候，会有不少橡胶从新轮胎上剥落。但请注意天气，如果看起来温度会突然下降，或者途中有雨，那么显然应该尽早出去。

方法途径

车手练习可视化技术或制定例行程序，使他们能够进入赛道后立即加快步伐，这对于排位赛来说显然是有利的。

上图：卡丁车的格子可能非常大，因此最大限度地提高你的排位、性能尤为重要。注意从网格前部到后部的距离差异。（Chris Walker）

上图：利用起步的时机完成超车需要丰富的经验。（Enver Meyer）

对页上图：起步时是发生愚蠢事故风险最高的时候。（Enver Meyer）

对页下图：当你不参赛时，仔细观察别人的比赛也将是一个好习惯。（Enver Meyer）

在你达到相同水平之前，你需要尽你所能地去靠近比赛。速度快显然是至关重要的，但许多初学者犯的错误就是过度驾驶卡丁车。这实际上最终耗费了他们的时间，并且损坏了他们可能需要参加比赛的轮胎。如果你的排位不好，不要因为这件事而折磨自己，制定一个不同的策略来改善你当前位置的机会。你应该始终保持积极的态度。

比赛开始

毫无疑问，一场比赛中占据第一席位的最佳时机就是起步的时候。但它也是最混乱、最危险和最伤脑筋的时刻。这时需要极度集中、冷静思考、周边意识强、无情的机会主义、快速反应和经验。

侵略

起步时需要你始终保持进攻性和防守性策略，并且不要让自己被其他车手吓倒。你应该处于正确的状态，以便能够应对这一点。一位卡丁车的熟人曾经建议当处于暖胎圈编队绕场时，自己放声大喊来平复心情，如果有用，就一直用下去（尽量不要让其他人听见了，不然他们会觉得你很奇怪）。

当然，"进攻性"并不意味着把竞争对手赶出赛道，但是你也不应该让自己被挤到一边。坚守阵地，你的主要目标应该是保持你的立场，一旦有了保障，你就应该专注于夺得第一名。

很明显，在比赛开始的混乱之中，这并不像是系统性的工作，但你应该会明白。

发现机会

看起来遥遥领先，如前所述，如果你前面的卡丁车缠绕在一起，尽可能早地发现缺口。这有可能会冲出赛道，不是最理想的。但它仍是快速来到前车侧面并超越的最佳选择。

一般来说，比赛开始时最混乱的地方是在中场，在前几个弯角像弹球一样跳起来情况并不罕见。这实际上是获得大量经验的一种非常快速的方式。相比之下，越到后面，压力要越小，并且有不少好机会来选择合适的名次，因为你有足够的能力判断未来会发生什么。相反，前半段赛程需要你从灯光变绿的那一刻起就保持防守，并且对于初学者来说这可能是一个非常紧张的环节。但是，你肯定不会一点经验都没有。

观看其他比赛的起步，查看第一个弯道你能够利用的所有方法。英国有一条特别的赛道，拥有一个宽阔的右手弯，大部分选手在比赛开始时都聚集在一起并跑向内弯，这意味着你可以在从外弯超越，并且稀里糊涂地获得一个好名次。

117

上图:即使在最高级别赛事中,滚动起跑被证明是不公平的,公认的规则是,只要前面的车手踩下加速踏板,你照做就对了。(Enver Meyer)

动态起跑

动态起跑时,当你在暖胎圈跟着编队前进时,与你的对手保持一致是很重要的。虽然大家都还在发车点等待出发,但是要记住前面和旁边的卡丁车,如果在赛道上跑丢了,这样你还能知道自己的位置在哪。尽量保持卡丁车前后左右的距离,如果前面的车落后了,要温和地微调一下,帮助它重回自己的位置。

注意,暖胎圈的路线可能比完整的赛道要短,会舍弃一些发卡弯,当车队速度过于缓慢时,可能会导致二冲程发动机熄火。

在赛道上多踩加速踏板来预热车辆和发动机,同时踩踏制动踏板令制动片、制动盘都暖起来。在赛道上S形行驶暖胎虽然效果不是很好,但有些俱乐部不允许这么做。最好把注意力集中在弯道附近,直道上加速和减速以增加摩擦,从而提升温度。

在暖胎圈时要注意发生了什么事。事先确认要跑多少圈,并时刻关注抓地力情况。如果某一圈的秩序合理,那么起步就可能会在那一圈开始。稍微带一些制动踏板,这样你踩加速踏板时可以在不加速的情况下提升转速。密切注意起跑线边上的指挥,不要走神,要迅速地跟上前车的节奏,保持一样的加速踏板开度。等待旗语或灯光信号在理论上是正确的,但这样做可能会让你在其他车都冲出去时独自悲伤。这种起跑方式一致性很大,所以规则就是尽可能地和大家做一样的事情,只要对方不是公然地抢跑(注意,除非通

过了起跑线/终点线，否则通常不允许超车，但并非所有的人都遵守此规则）。

注意，在第一个弯道会车，应避免与竞争对手发生碰撞，并注意打滑的车辆，尝试绕开它们。最好赶在大家的名次都固定前，尽快融入节奏。

静态起跑

积累良好的优势是起步时最困难的部分。为了解决这个问题，在灯光变绿之前，只要不会烧离合器，尽可能轻踩加速踏板拉高转速。不要忽高忽低地踩加速踏板，要对加速踏板施加一定的压力，这有助于提升转速以获得足够的优势。

一旦信号灯发生变化，你就可以自由地踩下加速踏板，有些车手通过将身体向前跃帮助卡丁车起动，帮助发动机提升动力。请记住，在通过起跑线/终点线前，大多数俱乐部是不允许任何超车的，并且通常会用桩桶强制将卡丁车区分在两侧（这也是动态起跑的惯例）。注意，如果是的话，一旦你的线路净空后，应立即进入防御（或攻击）位置。

需要注意的是你会从哪条路线开始。"干净的"一边是赛车高速通过的地方，而"肮脏的"一边则是起跑线/终点线的直线区域。因此，这部分更容易沉积污垢而非轮胎橡胶，也就意味着这部分可以提供的抓地力不多。根据你参赛的卡丁车类别，这将对你有不同程度的影响。但对于大部分级别来说，卡丁车性能下降的程度可以忽略不计。

赛事

假设你在起步后没有受伤的情况下幸存,你现在就要专注于比赛本身。这部分的策略,可能并不会让人感到意外,通常很简单,只需要尽可能快速和一致性地进行驾驶。

无论你做什么,永远别放弃,不要放弃你的步伐。事故和机械故障可能发生在竞争对手身上,天气也可能发生变化,你需要处于最佳状态才能充分利用这一点。全程都需要尽可能接近靠前的名次,这意味着你需要尽可能快地开车。另外,让竞争对手承受压力可能会迫使他们出现失误,所以你应该持续施压,直到你通过方格旗。唯一允许考虑减慢速度的时机是出现机械问题时,就算这样也需要将卡丁车送到终点线,并希望能获得一些可喜的冠军积分。

冲刺赛

对于大多数冲刺赛来说,圈数都不会太多,所以没什么时间闲逛。超车要果断勇敢。尽量不要陷入前面竞争对手的节奏中,这很容易沉迷,于是就会浪费两三圈时间。

保持良好且稳定的热情可以保证你在决赛中有个好的开始,思考一下尝试危险超车的后果,你不一定会成功脱身,还有可能导致失去更多(甚至是无法完赛)。坚持你现在的位置并尝试弥补落下的名次可能会很难。但当你了解当前比赛没剩多少圈时,你也可以孤注一掷然后超车。

耐力赛

人们常说在第一圈不可能赢得耐力赛的,但肯定会失去耐力。这是真的,显然这并不意味着在比赛开始的时候你不该拼尽全力。如果你曾经看过耐力赛事,你会注意到车手并不是只在周日才上赛道。顶级车队将从头到尾艰苦竞赛,通常惊喜都会在几个小时后才出现。但是耐力赛的心态是不一样的,重点在于持续性而不是只考虑速度。通常,胜出的车队并不是圈速最快的车队,而是那些失误少的车队,计划好车手变更和更智能化地进站安排,因为有良好的准备而具有很高的可靠性。

对页图:以正确的态度对待比赛并永不放弃。赛事不可预测,经常会有机会挽回并获得体面的结果。(Enver Meyer)

左下图:胜利者往往使用的脑力和他们的手脚一样多。(Enver Meyer)

下图:请记住"首先要坚持到最后,才可能第一个完赛",这是印地500四连冠车手Rick Mears的名言。(Enver Meyer)

除了比赛的持续性概念，队友间也要有一致性，这是至关重要的。如果你的车队车手都很强，他们之间的差距只有半秒。那么比起只有一个快车手的车队，你将会在名次上有巨大的优势。

当作为一个团队参加比赛时，太多初学者会平等对待每个团队成员。要认识到的一点是，为了使比赛顺利进行，你必须灵活处理。当然，每个人都有付出，所以他们理论上都应该得到相同的上场时间，但是如果你计划获胜，则可能需要延长一名特定车手的时间，甚至让另一名车手完全脱离座位。每个人都有他们的休息日，某些赛道会比其他赛道更适合某些车手，所以根据比赛的演变情况，监控团队成员的个人表现并做出战术决定非常重要。

你需要制定应急计划，并预估任何潜在问题，例如在维修区准备备件（轮胎正确安装、胎压正常等）。因积极主动地处理大多数潜在的技术和机械问题，节省出的时间可能非常庞大。正确的准备意味着当出现问题或遇到问题时，你不会手忙脚乱无从下手。

还需要注意，需要一个单独的收纳箱放置雨天比赛所需的物品，以便突然下雨时可以快速地将这些动力准备好，随时可进行更换，并调校新设定。同样，请记住已经设定了正确的胎压以节省时间。

回到维修区后总重不足可能是许多耐力赛车队的真正威胁。车手往往忘记考虑季节和天气。例如，在炎热的夏天长时间停留，超过一个多小时，通过出汗就可以减少几千克，这可能会导致最后的重量低于最低限额。另一方面，你显然希望尽量减少进站加油次数，并尽可能长时间在赛道上。如果你能将重量损失计算在内当然是最好的。通常情况下，重量过轻的处罚很严重（停靠10圈并不少见），这样的结果并不是你回到赛道后就能随意能弥补的，不管你是多么好的车手。

最后，你需要一位负责比赛战术方面的车队经理，并就进站时间点、车手变更、轮胎选择做出规划。理想情况下，车手应该专注于比赛，而不是其他任何事情。

下图：一个车队经理能够为车手的表现做出巨大贡献。（Enver Meyer）

上图：效率和组织对于进站来说都至关重要。（Darren Bourne）

进站策略

虽然这部分内容多数是耐力赛车手的主要兴趣，但总的来说适用所有类型的卡丁车。

尽可能有效地进站。建议准备多套相同的某些工具，因为在调整的过程中有可能会同时需要这些工具，关键的是在比赛进站时，会碰到需要修理或更改调校的时候。在每次比赛中以相同的规律安放工具，这样你知道该去什么地方找什么工具，可以快速地拿到你要的东西。在比赛结束时，将工具放回原来的位置，也可以加快下次比赛时的准备时间。

学习螺栓、螺母、螺钉的尺寸，并将它们和你的卡丁车放在一起。这样可以进站出维修区时节省大量时间，也能让工具快速地发挥作用。当车手报告维修区出现问题不得不返回维修区时，这边就能立刻准备好。如果你没有无线电通信，请提

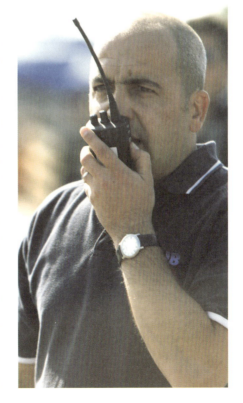

左图：在卡丁车运动中，无线电通信已变得越来越普遍，特别是在耐力赛中，从战略角度来看是极宝贵的。（Enver Meyer）

对页图:进站时比赛不会停止,你应该加速工作尽量减少在维修区逗留的时间,快速回到赛道上去。(Damn Bourne)

下图:组织和练习工作做得好,将会对一次进站有非常大的帮助,可节省不少时间。(Greg Richardson)

前制定简单的信号,以便报告卡丁车不同区域的故障,例如发动机、转向、车轮/轮胎、底盘等。

加油时一定要确定油站处于空闲状态,因为当你进站加油时,前面有车在加油你就需要排队等着,这会耗费更多时间。大部分车队都会在同一时间加油,因此这些都要考虑到你的策略中。这需要你有更长的运行时间,并且这样做还不会突然没油了或重量不足。避免这种情况的方法是针对燃料消耗时间有多种策略,以便随时都能在油站空闲的时候去加油,最大限度地节省进站时间。

通过为每个团队成员分配特定职务来组织车手变更和加油时间点。比如有人应该关注压舱负重物(增加或减少负载),其他人应该拧紧油箱盖和润滑链条,而第三人重新起动发动机。

将这些工作都反复练习,还有一些常见的修理问题,例如撞击损伤造成的车轮和车身面板更换,以及因为赛道条件变化,一些调校设置必须要更改等。最重要的是,保持冷静和镇定。疯狂地大声喊叫,除了可能会给你带来惩罚之外没啥用,要尽快将卡丁车维修好并重回赛道上。

最后,永远不要低估一个好的进站的重要性。从快速、谨慎执行的停止中节省的时间可以达到数十秒,比竞争对手多得多,这种优势在紧密的有限时间内,永远不会弥补在赛道上。因为它是同一套餐的一部分,所以请认真对待赛车本身。获胜的耐力团队并不总是最快的,但他们往往是最有组织的。不管你的车手有多棒,马虎进站都会失去你的比赛。

第九章　技术性

介绍	**128**
底盘	**128**
设定	**129**
座椅	**133**
轮胎	**135**
车轮	**138**
维护和准备	**139**
工具	**142**

介绍

事实上,在处理卡丁车错综复杂的设定问题时,很容易就能写出一本书来。大部分内容都是在开始比赛和装备卡丁车时才会用得上的。可以肯定地说,基本上在卡丁车上做出的每一个决定,从车轮的选择到转向时手握转向盘的位置都会影响操控性。随着技术的变化、底盘性质的差异、每条赛道的具体特点以及无数的潜在变化,你必须不停地学习。

尝试新的设定,只要你可以接受,为这辆车可以进行的最大改进是提供一名好车手,那么在争取更好时间成绩的过程将是一个令人愉快的部分。从这个意义上说,与迄今为止所涉及的所有其他因素一样,技术设定也只是整个大环节的一部分。虽然下面的内容不够全面,但是你可以在这里找到一些基础知识,帮助你踏上旅程,成为你所期望的全能型车手。

底盘

尽管所有的卡丁车底盘都采用了同样的簧下安装,直管式设计,但实际上还是有很多种类可以选择的。它们旨在执行相同的功能,但有些底盘自然适合某些特定功率要求或级别分类,以及一类有驾驶特点的车手。和其他任何部分一样,底盘会随着使用情况而损耗,一旦其性能因磨损和压力而下降,就需要更换了。

柔性

当经验丰富的车手提到底盘的灵活性时，初学者往往觉得有点不可思议。这些初学者认为卡丁车如同他们看到的那样非常硬，很难接受这些车在跑赛道时会因各种受力而扭曲。但值得记住的是，正是由于卡丁车不具备悬架功能，因此底盘被设计成可以弯曲的。如前所述，如果他们不这样做，卡丁车将很难过弯。整体设计是基于能够提升内侧后轮的原理，以便使底盘能够转弯，而不是顽强地沿着直线冲出赛道。

底盘的柔韧程度往往会影响到底盘内侧轮升起的时长和反应时间（越柔韧，升起的时间越长）。但通常可以通过添加或移除各种扭杆和防倾杆来进一步调整扭曲程度。另外，值得一试的是当需要更多的弹性底盘时，可将前后保险杠松动一下。

后轴

后轴有多种材质和直径，没有多少新车手认识到后轴也会影响操控。它们通常被标记为柔软、中等和僵硬。使用后者则可以通过将更多载荷转移到后轮上，进而增加后部牵引力，比较适合在抓地力较弱的场地中使用。相反，越软的话后部牵引力就减小了，这在有足够抓地力的场地中是很必要的。中等是介于两者之间的一个很好的折中方案，也是比另外这两种选择更流行的原因之一。

底盘选择

决定用哪款底盘是一件非常有趣的事情，它们可都不便宜。这显然是一个承诺，迫使你改变可能适合也可能不适合你的方法。正如第二章所提到的，尽量选择那些赢得过各种冠军而不仅仅在一些本地系列赛中夺冠的底盘（这样更可能是底盘能力的真实反映，而不是因为车手的天赋）。如果有机会，尽可能在自己列下的名单中多试驾感受一下。

另外，值得考虑的是选择那些非当地卡丁车零售商自己的品牌，尽量选择你计划参加的赛事中其他选手也都有使用过的品牌。通过与其他团队交谈，这将有助于安装、维护和获取修理建议。此外在获得备件方面，如果你意外地需要更换的零件没货，但另一个团队很乐意向你出售或租借给你，直到你能拥有自己的零件。这听起来不太可能——当然，在更高、更敏感的系列赛中，这确实是不太可能的情景——但是在很多社区水平的卡丁车赛中，你从其他团队那里获得的帮助足以让你相信世界和平的可能性。考虑到这一点，如果有几个人用着相同的底盘，组织团购订单可能是购买新设备时一种经济有效的方式。

关于购买新底盘的最后一点是考虑等待最新版本。请关注制造商的网站、卡丁车论坛和杂志以了解与此相关的所有公告。底盘技术在不断改进，如果有新产品即将发布，将钱花在旧版本上是很愚蠢的做法。

设定

本书的其他部分已经提到了车辆设定的要素，因此这里的目的是说明一些你应该熟悉的其他要点。

设定基础

尽可能将卡丁车操控设定在接近平衡和中性，这将是你对车辆设定的参考，可从中准确地判断所做的设定更改效果如何。记录每一次的设定然后还原到设定基础状态，除非你想手忙脚乱地获得设定进展。如前所述，这适用于任何车辆设定变更。你拥有的信息越多，你就会越快掌握设定卡丁车操控能力的基础知识。因此，必须养成使用设定配置表来跟踪你尝试过的设定的习惯。

轮胎和设定

有种"砸钱"的方法，那就是每次带着卡丁车下赛道时都用新的轮胎设定。开

对页图：卡丁车所需的机械知识水平不应该让新人望而却步，大多数事情实际上很容易被接受。（Enver Meyer）

右图：卡丁车设定表格范例，这个表格将表明在测试期间你希望记录的所有主要参数。这对于了解卡丁车的特性来讲，获取全面和连贯的技术点是至关重要的。当然，其中一些选项将根据使用的卡丁车类型而改变。

Kart set-up sheet

a. 前束	左	右
b. 外倾角/主销后倾角	左	右
c. 前间距	左	右
d. 后间距	左	右
e. 链条尺寸		
f. 轮圈尺寸	左	右
g. 轮胎尺寸	左	右
h. 胎压	左	右
i. 负载	左	右
j. 加强杆		
k. 座椅位置/类型		

赛道: 　　　　　　　　　 车手: 　　　　　　　　 轮胎:

日期: 　　　　　　　　　 时间:

天气: 　　　　　　　　　 赛道温度: 　　　　　　 空气温度:

最快圈速: 　　　　　　　 峰值转速:

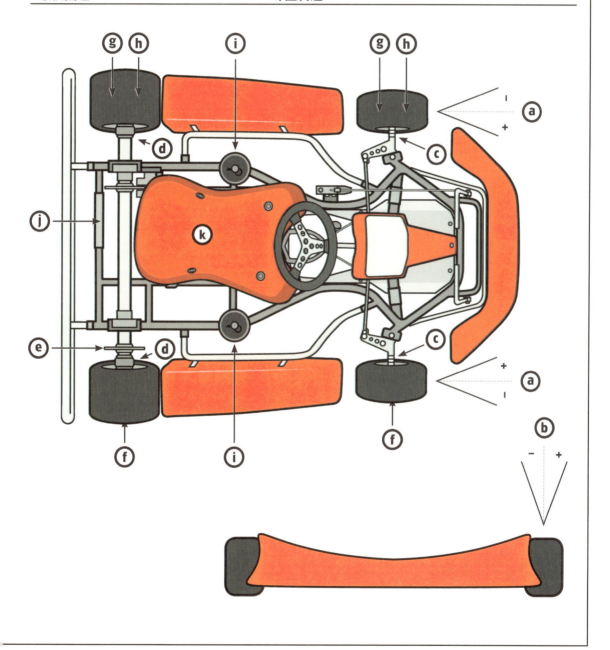

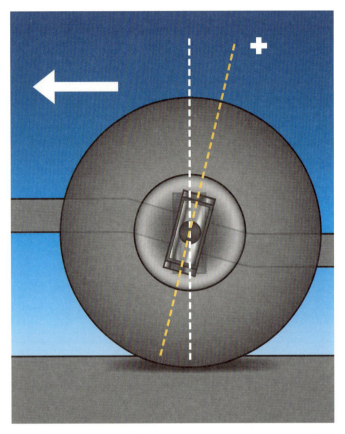

始设定时,用上次比赛或下场时的轮胎也完全没有问题,调校一个好的设定基础状态,然后再继续工作设定自己的标准。这样当你用新的轮胎设定时,在你现有装备和能力前提下,令卡丁车的抓地性能提高一个档次。请记住,排位赛和正赛的轮胎设定不是一回事。实际上最好用磨损的轮胎去进行调校设定,而不是专门用新的轮胎——毕竟你一天大部分的时间都是在用磨损的轮胎。

主销后倾角

主销后倾角是前轮实际转向轴线与穿过车轮中心垂直地面假想线之间的夹角,该夹角会产生一个力矩,有助于让卡丁车保持直线行驶。主销后倾角的角度越大,车轮就越难转向。但正如第四章所讨论的那样,主销后倾角在转弯时也有协助作用。当你转向打得越多,内轮越靠近赛道表面,外轮上升越多。由于车辆正在转弯,底盘重心自然会压在外轮上,这会有助于给内后轮减少载荷,进而令卡丁车更易转向。一般来说,主销后倾角不应改变,除非其他调校对转向反应没有效果。*主销后倾角是通过允许内后轮抬起使卡丁车转向的基础。*

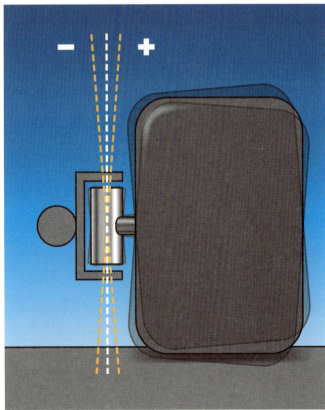

外倾角

外倾角和主销后倾角协调工作,可以有效快速地帮助卡丁车转向。外倾角也就是前轮的垂直倾斜角度。当视角在卡丁车的正前方时,车轮向卡丁车方向倾斜时是负外倾角,向外侧倾斜时是正外倾角。设定外倾角是为了在转弯过程中使轮胎的接地面积最大化。另外,前轮由于主销后倾角会让轮胎在行驶时仅用外侧边缘或内侧边缘运转,会造成偏磨,外倾角也能改变这个状态,让轮胎以正确的角度在地面上平稳滚动。

外倾角表示施加在车轮上的"倾斜"量,并影响轮胎在转弯时的接触面积。

前束

前束指的是从车辆正上方看,左右轮胎前端和后端的距离差异。大多数卡丁车采用零束角,这意味着左右前轮相互平行,或者少量内侧倾斜,即左右前轮的前端距离比后端距离短(车轮彼此向内指,呈内八字形)。当在湿滑的路面行驶时,前束采用外侧倾斜,即左右前轮的前端距离比后端距离长(车轮彼此向外指,呈外八字形)。这样可以夸大轮胎与地面的摩擦,保持更好的工作温度,进而在过弯时增加抓地力。前束通常设定得非常小,因为过度摩擦会损失速度,并且是在设定过主销后倾角和外倾角后而制定的车轮状态。

前束内倾主要影响直线行驶能力,而外倾可以提高转向能力。

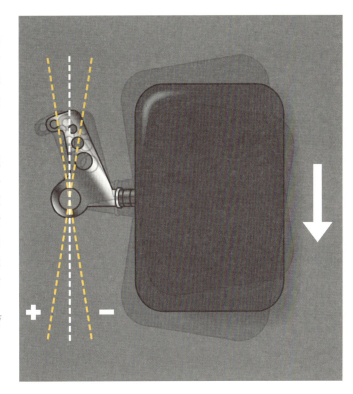

座椅

当你考虑到座椅拥有更大的负载——驾驶人,那么很明显,座椅的位置对卡丁车在赛道上的操控性会产生很大的影响。座椅制造商经常在卡丁车展览会上宣传,并花上一小时讲讲浅显的座椅动态表现。

不仅仅是座椅的位置对重量分布、重量传递和重心有影响,即使是微小的变化也是如此。它会与其他所有操控性元素相互作用,并且这些既重要又复杂的关系很可能会变成现实。

轮胎

正如第四章所讨论的那样，轮胎是卡丁车操控中最重要的组成部分，因此会对你的表现产生非常大的影响，无论是正面还是其他方面。因此，尽可能多花时间学习轮胎的特点，以及如何正确地在赛道内外照看它们是非常重要的。

永远记住轮胎需要温度以提供牵引力。一个新手常见的错误就是冷胎状态上赛道，以正常的赛车速度到达第一个弯道制动点，然后就会惊喜地发现自己只能冲出赛道。在轮胎达到正确的操作温度之前可能需要几圈，这取决于轮胎成分。只有这样，你才能考虑以正常的比赛速度出场，并坚持正常的制动点制动。当你第一次尝试进入赛道，请保持注意力并在弯道小心翼翼一些。

成分

大多数卡丁车系列赛通常都会有指定的干湿轮胎，参赛人员必须遵守才能争夺冠军。当轮胎成分变化时，对这种控制的需求就会变得很明显——轮胎橡胶有多硬或软——可以对操控产生巨大的影响。

坚硬的成分只能提供较少的抓地力，并且需要较高的工作温度，但有利于延长其使用寿命，使其成为耐力赛事的理想选择。相比之下，软胎能提供更好的牵引力，在较低的温度下运行（因此能比用硬胎的人更早地开始进入状态），但磨损更快，使其仅适用于冲刺赛。

热循环

每当你在赛道上飞驰后，回到维修区停车，你的轮胎都会从高温冷却到环境温度。这是一个热循环。轮胎的热循环次数越多，随着橡胶中的油分蒸发，牵引力就会越来越低、越硬。最终轮胎成分就会起变化。成分较硬的话，热循环效果较差，轮胎表现更均匀，在其整个寿命周期中的大部分时间内都能提供一样的抓地力。较软的轮胎就没有那么好了，在几个周期后就会出现退化迹象。

储存

新轮胎包裹在塑料袋中。除非你打算用它们，否则请将它们放在原来的包装中，以保护橡胶中的油脂，防止因接触空气和紫外线时发生降解。将新轮胎保存在温度范围较宽的环境中也很重要。例如，放在车库就不是一个好主意，因为白天/夜晚的温度变化与轮胎热循环的效果相似，这意味着只要放在车库里，橡胶就会变得越来越硬。同样，将它们放在室内但靠近散热器或太阳能照射的地方也不会给它们任何好处，应尽可能地寻找有恒定温度的区域。

清洗

如果轮胎变质并且在热循环中失去抓地性能，那么从逻辑上讲，新轮胎将提供最大的抓地力吗？显然不是。它能达到最大抓地力，但是你必须先"擦洗"它。新轮胎表面光滑富有光泽，在过第一个弯时如同在黄油上行驶，非常滑。直到第三个弯道，最表层开始消失时，抓地力等级才开始增加。但这不意味着你在过第一个弯道是要用动力滑胎的方式去刻意磨损轮胎表层，首次上路时滥用轮胎将会立即毁掉它们。

相反，你应该在赛道上以适中的速度行驶，逐渐将轮胎提升到工作温度，接着再跑三圈左右，之后返回到维修区并让轮胎冷却下来。你的目标应该是让轮胎达到工作温度，而不是像赛车一样在赛道上跑来跑去。平稳、温柔，然后

在完成必要的圈数后再将它们放回。这个过程是很重要的，因为它可以使轮胎成分稳定下来，这意味着轮胎随时可以准备上场。

准备轮胎

每当进入维修区做记录时都应该检查轮胎的状态，可能需要对轮胎温度做统计，在每个轮胎的三个点上（外侧、中间和内侧）进行读数。可以用来确定轮胎是否"平坦"地接触到赛道路面（如果读数有明显的差异，则要考虑是否需要调整外倾角以最大限度地提高接触面积），三次读数的平均值将提供每个轮胎更准确的温度值。一旦卡丁车回到维修区，要尽快记录读数，这很重要，以免由于时间问题轮胎冷却而导致错误的读数。

然而，在确定轮胎是否贴合路面时，用温度判断只对了一半。经验丰富的卡丁车手将通过检查轮胎表面上的磨损情况来了解其性能表现如何。例如，任何起泡的迹象都是一个很好的迹象，表明轮胎由于过度抓地而过热。如果太热，轮胎很可能开始崩解，这将通过表面上缺少的大块橡胶表现出来。你不需要达到这种程度，这不是一个好兆头。

同时，表面太平滑的轮胎不会产生足够的热量，因而缺乏抓地力。

你需要看到的是表面有轻微颗粒状图案且无光泽的轮胎。如果不是这样，那么你就要尝试解决问题了。

胎压

对于初学者来说，车手相对容易因胎压感到困惑，胎压的单位是psi（1psi≈6.89kPa）。如果仅仅因感觉其他车手是靠第六感去设定胎压，那么当知道胎压对卡丁车操控的影响至关重要时，这种焦虑会加剧。

首先要注意的是，无论开始时压力是多少，当卡丁车返回时，压力都会上升，这是因为轮胎在被驱动时会产生热量，而热量会导致压力增加。所以当你制定出理想的压力时，要考虑到这种不可避免的增加。你可以将车辆运行到比赛温度后立即返回维修区，然后查看增加后的胎压是多少（记住不要有停留，让轮胎有机会冷却并因此减压），最后将此数字与原始设置进行比较。

轮胎不会以一致的速度升温，因此你应该进行对应的补偿。举个例子，假设你在英国，一条干燥的顺时针行驶赛道上，驾驶着一辆Rotax Max。左后轮的工作负荷最大，这意味着它会升温最快。其次是左前方，然后是右侧的两个轮胎。如果你的目标是在比赛的状态下有胎压能在13~15psi之间。那么你应该先将左后方的压力提高到7psi，左前为8psi，右侧两个轮胎是9psi。卡丁车会感觉非常沉重，但会随着轮胎升温和压力增加而改善。一旦它们变热，就进入维修区，然后调整四个轮胎的压力向胎压最低的一个数值看齐，然后再出去看看它的感觉。重复这个过程，应该在最后能让四个轮胎在工作温度下压力保持一致。

显然，还有其他一些因素，例如赛道磨损、轮胎成分、赛事等级等，但重点是在轮胎压力方面始终保持开放的态度。等到了不管怎么驾驶都不会改变轮胎的温度和压力时，设定就完成了。

另外，需要考虑天气。通常，随着环境温度的升高，你应该减小胎压。这是因为增加的压力会增加轮胎的负荷，这意味着它会产生更大的抓地力，但也会产

上图：尽管准备妥当，但某些组件压力过大时也会出问题。(Greg Richardson)

下图：定期维护将降低运行成本。(Enver Meyer)

生更多的热量。因为你不想要的是让轮胎过热，所以如果天气变热，应减小压力。轮胎仍然能够在适当的温度下运行并产生合适的牵引力，但较低的压力将有助于减少过多的热量产生。

还要考虑你正在使用的轮胎成分，较硬的轮胎可以承受软胎更高的压力，因为它们不容易产生热量。所以如果你想保证硬胎的抓地力，你需要加热（但显然也别太过）。

最后，如果你希望通过使用压力来抵消任何转向过度或转向不足的问题，那么只需关注后轮。降低压力会增加轮胎壁的弯曲度（轮胎侧面有多少弯曲），从而增大了后部抓地力，便可纠正转向过度的卡丁车。当后部的抓地力推着卡丁车偏离路线时，换句话说就是转向不足时，增加压力进而减小后部抓地力。

车轮

卡丁车车轮由铝或镁制成。镁比铝更轻、更硬，但也更脆。因此，铝车轮更容易承受冲击（因此建议初学者使用）并且弯曲更多，这意味着它们通常会提供更大的轮胎抓地力。当然，这并不总是一件好事。除了轮胎上可能产生的过热效应之外，在动力较低的卡丁车上，太大的抓地力会导致卡丁车负荷过大，并且越来越慢。

除了使用不同的材料外,车轮宽度也不同,这也影响操控性。轮胎一定时,安装在较窄的车轮上,轮胎会更高,并提供更大的轮胎侧壁弯曲度,从而增大抓地力。在更宽的车轮上,轮胎侧壁弯曲明显减小,正如我们所看到的,更坚硬的侧壁会减小抓地力。

维护和准备

在赛事级卡丁车上也是如此,有很多部件要经历压力且很快就会消耗掉。如果你在预算紧张的情况下比赛,很明显你需要接受妥协。这么做可能不易跑赢强大的车队,但至少不会影响到参与这项运动的乐趣。

尽管如此,你也不可能每次都在比赛时使用全新的车架参赛,这时最重要的就是正确地维护自己的卡丁车,并且关注那些需要特别照顾的部件。例如定期换机油相对便宜且至关重要,同时在每次比赛后都要检查链条。制动系统也是非常重要的部分,可以说比你的发动机还要重要,所

左图:定期检查承受高度磨损的部件,例如链轮。(Enver Meyer)

最左图:卡丁车上几乎所有的部件都可以调整。(Enver Meyer)

左图:从机械结构来看,卡丁车是非常简单的,甚至是特制的部件不久也会变得常见。(Enver Meyer)

以要检查制动片和踏板行程。另外，应仔细检查车轮轴承——通常情况下请使用全新的部件，当然如果正在进行耐力训练就无所谓了。

这只是四个例子。最终除了会影响车手的常规项目，例如新轮胎和大修过的发动机外，卡丁车需要多少维护也取决于你的驾驶风格。有些车手几乎每场比赛在压过路肩后都需要更换新的半轴，而有更温和的驾驶方法的人可以每三场比赛才更换一次。除了事故外，路肩也不可避免地会对卡丁车造成一些损伤。如果你压的路肩太多，会伤到底盘，甚至是制动盘。考虑一下你在赛道上做了什么，并对你的卡丁车有一些机械上的"同情"，特别是你参加了长距离耐久赛后，这是非常值得的。最后请记住那个帮这一切"买单"的人。

除了在享受乐趣的同时照顾好自己的装备，还有一些方法可以最大限度地提高车辆可靠性，除时间之外不会花费任何成本。每场比赛结束后停下来，清理每个部件并再次将它们组合起来，确保一切都恢复原状。当然，你可能会发现一两个部件需要在此过程中替换成新零件，这显然需要更多的成本，这么做的好处是当在赛道上过弯时，卡丁车可以保持它最好的状态。尽管你的团队预算有限，可这么做是值得的。

工具

就像其他休闲娱乐活动一样,卡丁车的运行随着时间推移不可避免地会积累大量的工具,但真正开始工作时并不像你想象的那么需要。在赛道上,首先应该做好以下准备工作:

- 螺钉旋具组合套装
- 扳手组合套装(具体来说,10mm、13mm和17mm)
- 内六角扳手组合套装
- 高质量压力表
- 火花塞扳手
- 长距离棘轮套筒
- 充电电钻、手钳(标准和环形)
- 漏斗
- 油桶
- 玻璃量杯(用于二冲程发动机的汽油机油混合)
- 锤子(大的和小的)
- 橡胶槌
- 卷尺
- 电工胶布
- 大量的电缆扎带
- 可供选择的螺母、锁紧螺母、垫圈和螺栓
- 链条润滑油
- WD40除锈润滑剂
- 可供选择的不同尺寸的链条和齿轮(如果在不同的赛道上比赛)
- 二冲程发动机润滑油(使用二冲程卡丁车时将机油与汽油混合)
- 备用火花塞
- 备用链条
- 清洗液及抹布

- 脚踏泵
- 一套雨胎（最好安装在轮毂上）

另外，下列工具虽然不重要，但会让你的卡丁车运动生活变得更简单：

- 激光定位装置
- 气动扳手
- 压缩机
- 发电机
- 轮胎温度测量仪
- 轮胎软化工具
- 扒胎机

很明显，即使备好上面两份清单里的工具，也无法涵盖所有可能发生的情况，但足以应对日常的需求。接下来要考虑的是配置适合你的卡丁车类型需求的特制工具，最后建议你再配置一些可能同时需要使用的工具，例如扳手组合套装，甚至气动扳手。这些能让你在耐力赛中节省大量的时间。

左图：买一个漏斗，皮肤不要和汽油接触，即使它们之间隔着一层赛车服。（Enver Meyer）

下图：要有策略地选择你的维修区。（Darren Bourne）

10

第十章　赞助

介绍	**146**
准备	**147**
推广	**148**
时机	**149**
了解你的目标	**149**
会议	**150**
曝光	**151**
拿到了赞助	**151**

介绍

现实中,寻找资金帮助可能是在卡丁车运动中面临的最艰巨挑战。特别是对于即将开始的职业生涯,包括当地的赛事和高级别冠军赛。如果说有什么欣慰的话,那就是在高级别的赛事中顶级赛车手也会因为赞助商的问题而绞尽脑汁。这应该不会让人感到意外,在任何级别的赛车运动中都很难找到赞助商。

在争取赞助时要记住一点,在这个层面上,你的重点应该是潜在曝光,而不是对比赛结果的承诺。显然并非所有人都喜欢赞助一支没有成功的队伍,但重要的是要接受这样一个事实:从一个局外人角度来看,他可能对卡丁车运动复杂之处知之甚少或一无所知——赢得当地的比赛永远不会像在完成摩纳哥大奖赛后登上领奖台一样享有盛名。赞助商基于一个刚起步卡丁车队的兴趣,完全取决于他们将得到什么回报以及广告投入后的收益,这是一种更直率地表达"曝光"的方式。这实际上是赞助商的基础,我们不要忘记,在通常情况下,当大的预算开始滚滚而来

时，人们的注意力往往会被自我和情绪所冲淡。

但当你最终进入F1时，这是值得思考和担心的问题。而现在，如果只在本地参赛，尽可能考虑本地的赞助。如果只是在自己所处州境内参赛，那么试图接近一家全国性的公司来寻求支持没有任何意义——毕竟任何潜在曝光对他们都没什么好处。因此你需要更好地对地域内企业进行整合，拿出令人信服和成功的案例来说服他们拿出现金来赞助。

值得注意的是，卡丁车运动的赞助通常都是由车手的熟人开始的，所以在瞄准陌生人之前，不妨先考虑一下你认识的人，这样拿到赞助的机会相对比较容易。

准备

你必须设法让更多的人加入，除非你有非常富有的朋友，所以要做好准备。在不明确自己意愿和成本花费多少的情况下，不要贸然联系赞助方。在实际运作成本的基础上，对涉及的金额根据所接洽公司的实际情况随时做出相应的调整。为此，你需要全面了解正在接洽的公司，提前做好准备——如果你愿意，可不惜派出"销售"来进行推销，以让潜在赞助商对

左图：如何长期稳定地获得赞助，这一点很重要——即使在一些高级别赛事中名列前位的车手也很难获得经济上的支持。（Enver Meyer）

左图：如果你在本地参赛，请向本地的企业提交赞助方案。（Greg Richardson）

右图：如果获得成功，确保人们了解它。（Enver Meyer）

此感兴趣。

理想情况下，使用专业展示工具（或演示软件，比如PowerPoint）来制作赞助招股说明书，并打印成高质量的书面介绍，详细描述你的成就，下个赛季的比赛计划，以及各种各样的赞助选择。注重形象，以专业的方式呈现自己，虽然不能保证成功，但对达成协议很有帮助。

推广

做你自己的公关。在与潜在的赞助商联系之前，你需要具备某些要素，不仅如此，还可以把这些内容很好地展示给赞助方。

假设你在赛道取得了一些成功，利用先进的网络建立自己的网站，并定期更新维护它，详细介绍你的进展情况。如果再有这方面的天赋，你会进步得很快。特别是一些主流的卡丁车网站可能最终会收集你的故事并转载它。特别是当你参加一个受欢迎的比赛或参与慈善比赛时。很明显，需要让他们更多地了解你的发展情况，并定期给他们发送电子邮件，告知他们最新消息。

但在这个社交媒体时代，不充分利用这些强大的工具，对你来说是一件愚蠢的事。如果博客太耗时（没有人轻易地去做赞助），你至少考虑定期更新其他社交网络解决方案，让你随时都能在线上更新，与你的联系人分享图片。上传视频到专业的视频平台和使用互联网巨大的通信潜力凸显你的优势。这也算公开的展示吧，说不定什么时候在你的朋友圈里遇到一位富有、热爱赛车运动的叔叔。

有些企业对线上活动兴趣不大，但尤为注重本地媒体报道。这就需要一种更加积极主动的方法，因为地方主流报纸对卡丁车运动一般都不怎么感兴趣，说服他们是一项异常艰巨的任务——尽管如此，英国近期在F1级别的成功可能会带来一点影响。最终，在超小城市里只有这一个做法，需要强大的社交意识。

遇到这种情况，不妨以午餐会的名义邀请一位记者，向他展示你的案例。阐述卡丁车（特别是你的卡丁车团队）为什么应该成为他报道的一部分，这是一个好策略。他不大可能马上回办公室撰写你的团队资料，但你至少有了一个直接推送新闻稿的联系人，而且还不是那种公共新闻投递地址。当我这样做的时候，会用一张很好的图片来说明这篇潜在的文章——一个好的形象能让编辑写出一篇好的故事。除了有一个截止日期外，从完成稿件到印刷出版只有非常短暂的时间。因此没有图片的故事往往会被废弃。

你可能发现，最初大量的新闻稿件都没引起人们的注意，如果在赛道上的进展持续下去，那么最终在当地报纸上出现的可能性就会很大。假设你成功赢得了第一个冠军（或者在竞赛中与强大的竞争对手完成对决，并取得了戏剧性的胜利），你有责任在文章中传播这一信息，但不要自以为是。有兴趣的话，多参与一些卡丁车的慈善赛事，社区与慈善相关的故事往往会成为当地报纸的主流新闻，并且很有可能出现这样一篇文章，尤其是当你设法筹集到了一大笔钱，他们得到了需要的新闻故事，你得到了报道和精彩的比赛，而慈善机构得到了钱，大家都很开心。

第一篇报道最难。这以后，进一步报道的可能性会显著增加——这就是所谓的连锁反应。地方报纸倾向于跟进过去文章的主题，尤其是以体育成就为特色的时候。除非你善于把自己的事情告诉他们，否则没人愿意为你做这件事。当然，也可以有选择性地聘用一个专门的公关机构，但那些对卡丁车运动非常认真，且有一定竞争水平的人似乎不太用考虑这些因素。

时机

时机必须正确，就像你建立一个卡丁车团队一样，敲开企业的大门并不那么理想化。你希望得到的好的结果，那么别每次都在比赛的第一圈后就出局。同样，要记住公司的预算至少要提前一年（通常时间较长）就开始计算，所以必须考虑到这一点。

此外，如果要设法确保与某个企业、公司的人会面，你需要尽可能地把能提供的曝光机会最大化。这意味着诸如网站和当地媒体报道等策略方面，需要在赞助任务之前做好充分准备。

了解你的目标

并不是所有的小公司都知晓赞助的时机，因此也不会为这样的项目设立条款（尽管他们由此可能会获得税收减免）。所以你可能会发现，在联系了这些公司或企业之后，你所拥有的只是一长串名单，名

下图：安排组织"企业日"，使当前或潜在的赞助商能深入地了解活动。（Enver Meyer）

企业负责人取得联系，或者与公司的负责人会面，你要和决策者打交道，而不是他们的下属，这在与小公司打交道时并非不切实际。大公司会有一个控制预算的市场总监，但是对于较小的公司来说，大部分的开支都要通过老板。

会议

召开会议时（不要低估这一事实，这需要很大的毅力，但不是不可能的），要热情、礼貌，并且要明显地从商业利益方面来吸引他们。如果你了解公司的业务，并相应地展示自己和你的"商业价值"，你的成功概率会大大提高。

很有可能，他们几乎没有想要给你赞助的欲望。如果你觉得事情进展得很顺利，作为一种激励，设法邀请他们参观一场比赛，或者更好的做法是，在练习的当天为他们安排一些赛道时间。通常情况下，让一个潜在的赞助商参加卡丁车运

上图：车队队服价格要实惠，并提供专业触觉。（Eever Meyer）

右图：尽可能地将卡丁车展示赞助商的区域最大化。（Greg Richardson）

单里的人都承诺会给你答复，但其中大多数人你再也听不到他们的消息了。

尽量减少那种敷衍承诺的方法就是明确你的目标对象。只要有可能，尽量与

动，会让他们突然发现对体育运动的热情并创造奇迹。希望他们的冲动化为支持当地赛车团队的欲望。

当然，让他们进入赛道是最理想的场景。事实上，在会议室局限环境下，你可能不得不努力去说服他们，所以在你进去之前先练习一下。以期展示他们的商业价值或有益于商业运作的机遇。例如，一家本地轮胎公司很可能为卡丁车赛事提供轮胎，并为你免费提供这些轮胎，或者至少以成本价交易，作为交换就是你的车身商标冠名权。这几乎不可能涵盖你每年的运营成本，但累计起来显然比你自己支付所有的费用要好得多。

曝光

你所提供的展示类型应比其他公司更适合企业的需求。但除了典型的赛车服装饰、头盔目镜贴纸和卡丁车身贴纸外，还可以考虑以下选项：

- 卡丁车团队平均每年往返比赛的历程，可以起到很好的展示作用。在团队车辆上展示赞助商标志，可有效地将运输车变成移动广告。
- 优质的团队网站有显眼的广告位，并且指向赞助商的网站。
- 产品的推广（如适用）。
- 赞助商的开放日（如果适用的话，也可以是它的客户）在赛道上尝试卡丁车运动。
- 将赞助商纳入团队的名称，从而保证在锦标赛和卡丁车运动网站上的曝光以及潜在的电视和新闻报道。

拿到了赞助

如果你能做到这一点，工作就不会停止。事实上，这可能刚刚是开始，除非你是在与一个慈善组织打交道。赞助商在你身上投钱，无疑是希望带来好处，所以你必须确保让他们的曝光度最大化。

你需要让你的赞助商了解你在卡丁车运动上取得的成就。这很容易通过定期发布的新闻来完成，引导他们关注你的网站，还有你可能看到的任何媒体报道。如前所述，后者显然需要大量的能力投资。

你需要让你的赞助商了解你的卡丁车成就。通过定期交流——无论是新闻发布、网站或社交媒体更新，或者甚至是将他们指向你能获得的任何媒体报道。

例如，让赞助商参与到比赛中来，是确保良好沟通的另一个好方法，赞助商也不会觉得你拿了钱就跑了。

最终，当涉及赞助时，重要的是要意识到，维持好一个赞助商几乎和找到一个赞助商一样困难。另外，以较低个人成本参赛的能力，以及寻求额外经济支持后完成所选择的系列赛，不仅仅是努力过后的回报，更是获得赞助的必要保证。

上图：在获得赞助的情况下，即使那些拥有天赋的人也会非常努力地工作。（Eever Meyer）

11

第十一章　车手的父母

介绍	154
团队无个人	154
协助角色	154
在学校中	155

介绍

随着卡丁车运动受到越来越多不同年龄段的人们的青睐，英国各地赛道上年轻人的数量有了明显增长。这主要归功于卡丁车运动日益增长的声誉。这不禁让人想知道有多少父母希望自己的孩子从他们手中成长为下一个汉密尔顿或维特尔。

上图：如果比赛遇到苦难，期待承诺的程度将对家庭生活的各个方面提出相当高的要求。（Chris Walker）

下图：父母的参与程度将对他们孩子的卡丁车生涯有直接影响，即使在班比诺课程阶段过度参与也是不可取的。（Chris Walker）

班比诺（Bambino）课程（见第一章）的介绍意味着，卡丁车运动从来没有被这么多年轻人所接受。

本章主要目的是针对热心赛车的父母们，以此来帮助他们更好地理解自己在孩子们的卡丁车运动上参与的程度和影响。无论这件事是作为一种有趣、塑造性格的运动，还是作为一场精心策划的赛车生涯的开始。

团队无个人

根据你对孩子参与卡丁车运动的期待程度如何，你应该尽可能早地认识到作为一个卡丁车车手的父母所扮演的角色。在最极端的情况下，你将是经纪人兼车队经理、银行经理、投资人(甚至是唯一的)、厨师、出租车驾驶人、支持者、教练、练习搭档、护士、机械师、顾问、粉丝、洗衣服务人员等。

如果希望每个方面都至少实现应有的样子也是可能的，而且你不需要像罗斯·布朗那样同时进行多项工作，他已经超出了凡人的能力。想做到这一点(假设你的孩子对卡丁车不仅仅是一种业余爱好)，就需要一个专业团队的支持。当然，这意味着放弃对某些关键领域的控制，在实践中，这对父母来说是一件困难的事情，因为从他们的小宝贝第一次滑进班比诺的座位那一刻开始，就已经有了很大的参与。但是对于动态练习，父母们将不得不接受这样的观点：必须让经理人来管理，让教练来指导。还需了解其他人的父母，因为他们可能会经历同样的场景，最终形成一个共同的支持网络。

协助角色

就像孩子要现实地面对赛车运动生涯所要求的巨大奉献精神，并且感激那些由父母们所做出的牺牲和努力，父母也应坦诚地对待自己的参与程度。这是至关重要的，因为它对孩子有直接的影响。如果父母对孩子的行为不感兴趣，他们所培养的卡丁车车手就会产生一种缺乏自信、被忽视和表现不佳的错觉。相反，父母过度地介入和刻意追求比赛胜负，这也会在焦虑、好斗的孩子身上反映出来，他注定是一个糟糕的失败者。

完美的方案是，一个自信、心理平衡的孩子及父母适度参与、支持和关注并且善于倾听。

父母的支持是最重要的方面。无论是赢还是输，能够在充分的鼓励下讨论问题的同时，承认除了成就之外的努力，以及提出建设性的批评是成为一个学业榜样的关键。这对于团队来说至关重要。如果卡丁车问题得到解决，你将要花费大量的精力来平衡赛车运动和学习以及日常家庭生活之间的时间冲突。

在学校中

卡丁车运动可能严重地影响到一个年轻人的学习和生活。除了每周末在国家级赛事中可能花费的时间——这不可避免地影响到平常的学习和家庭作业，持续的成功最终将需要经常出国参加国际比赛，这意味着休学。因此必须越早上课越好，在学年开始之前尽早地联络学校，了解孩子的卡丁车培训课程和比赛要求，及时和学校及班主任沟通，合理地安排未来几个月的学习计划。让学校意识到这对你和你的孩子来说多么重要，同时提供一套对所有人都有效的解决方案（比如，如何赶上错过的课程，甚至大赛期间的考试）。

保持与学校的沟通，培养良好的关系，以期获得他们的支持。加上周密的计划，大多数学校都会灵活地安排时间，避免冲突。不过扎实的教育和学习是关键，它会在赛车运动生涯结束时，成为你后续生活计划的关键。这个世界上无论是巴顿、阿隆索还是库比卡，仅靠天赋是不可能成顶级选手的，所以无论你是俱乐部的新手，还是KF1方面的权威，记住要好好享受卡丁车运动的乐趣。

上图：任何团队中的年轻卡丁车手都应该意识，他们的成功将归功于许多人的努力。（Chris Walker）

左图：在父母的正确支持下，卡丁车可以成为年轻人自信的绝佳来源，这也是一项非常愉快的活动。（Chris Walker）

下图：为非常年轻的，特别是班比诺阶段的车手购买新的卡丁车套件，这不一定是最明智的投资，特别是这个时候很容易就买到不合适的套件。（Author）

译者后记

非常荣幸可以成为《卡丁车圣经》的译者，因为作为一名业余车手，童年时期一直渴望能有这样一本书。在20世纪90年代，别说这种赛车类书籍，甚至是汽车杂志都少有，还是学生的我一直苦恼从哪里可以获取赛车的入门知识。随着时代的发展，卡丁车相关赛事作为赛车领域的入门级赛事和职业车手的摇篮，正在全社会得到推广，但大家对于这项运动还是陌生的。为此，如果能有这样一本由浅入深的科普类图书，这项运动就可以得到更好的推广，也能为更多年轻的初级赛车爱好者们答疑解惑。

早在1997年，中汽联就组织开展了中国卡丁车锦标赛（China Karting Champions-hip，CKC），但一直以来这项运动并没有得到更广泛的推广，普通人几乎接触不到，最多就是能在大众媒体上对其有简单的认知。经过这些年的发展，原本仅在少数几个发达城市可以看到的卡丁车场现在遍地开花，很多四五线城市也在兴建赛道。由此体现出卡丁车运动的参与者在增多，运动环境和条件在发展。现在的赛事也越来越平民化，每年还有大学生卡丁车联赛，更多的人参与其中。

我国卡丁车的玩家在增加，尤其有大量学龄前儿童，但是卡丁车基础知识在普及方面还比较欠缺。除了赛场的教练教导，其他地方几乎没有系统性的教材或科普书籍，此时《卡丁车圣经》的出版就很有必要了。本书从卡丁车的分类、赛事结构讲起，中间又对驾驶习惯、赛车基础理论、车辆调校基础理论以及个人比赛心态、生活习惯甚至如何参赛都进行了详细的讲解、指导，可以说是目前最全面的卡丁车入门指南，一定能够帮助到很多喜欢卡丁车但又对此感到迷茫的爱好者们。

教我赛车的老师是日本前F1车手，他曾告诉我，他自己也是从小开卡丁车练习，才一步步走向职业赛事。他说卡丁车是基础，不仅可以作为锻炼技术的工具，同时也可以作为一项有趣的业余爱好。我俩也经常一起去不同的卡丁车场游玩，挑战各自的圈速成绩。卡丁车这项运动除了激烈的竞争和比赛，对于普通人来说也是一项不错的休闲娱乐方式，希望大家可以从本书中受益，并体会到卡丁车运动所带来的乐趣。

童轲炜